BESTACTIVITYBOOKS.COM

Descobrir Jogos Online Grátis

Disponível Aqui:

BestActivityBooks.com/FREEGAMES

5 DICAS PARA COMEÇAR

1) CÓMO RESOLVER LAS SOPA DE LETRAS

Os puzzles têm um formato clássico:

- As palavras estão escondidas sem espaços ou hífenes,...
- Orientação: As palavras podem ser escritas para a frente, para trás, para cima, para baixo ou na diagonal (podem ser invertidas).
- As palavras podem sobrepor-se ou intersectar-se.

2) APRENDIZAGEM ACTIVA

Ao lado de cada palavra há um espaço para anotar a tradução. Para encorajar a aprendizagem activa, um **DICIONÁRIO** no final desta edição permitir-lhe-á verificar e expandir os seus conhecimentos. Procure e anote as traduções, encontre-as no puzzle e adicione-as ao seu vocabulário!

3) MARCAR AS PALAVRAS

Pode inventar o seu próprio sistema de marcação - talvez já use um? Pode também, por exemplo, marcar palavras difíceis de encontrar com uma cruz, palavras favoritas com uma estrela, palavras novas com um triângulo, palavras raras com um diamante, e assim por diante.

4) ESTRUTURANDO A APRENDIZAGEM

Esta edição oferece um **CADERNO DE NOTAS** prático no final do livro. Nas férias, em viagem ou em casa, pode facilmente organizar os seus novos conhecimentos sem a necessidade de um segundo caderno!

5) JÁ TERMINOU TODAS AS GRELHAS?

Nas últimas páginas deste livro, na secção **DESAFIO FINAL**, encontrará um jogo gratuito!

Rápido e fácil! Consulte a nossa colecção de livros de actividades para o seu próximo momento de diversão e **aprendizagem**, a apenas um clique de distância!

Encontre o seu próximo desafio em:

BestActivityBooks.com/MeuProximoLivro

Aos vossos lugares, preparem-se...Vão!

Sabia que existem cerca de 7.000 línguas diferentes no mundo? As palavras são preciosas.

Adoramos línguas e temos trabalhado arduamente para criar livros da mais alta qualidade para si. Os nossos ingredientes?

Uma selecção de tópicos adequados à aprendizagem, três boas porções de entretenimento, e depois acrescentamos uma colherada de palavras difíceis e uma pitada de palavras raras. Servimo-los com amor e máximo divertimento, para que possa resolver os melhores jogos de palavras e se divirta a aprender!

A sua opinião é essencial. Pode participar activamente no sucesso deste livro, deixando-nos um comentário. Gostaríamos de saber o que mais lhe agradou nesta edição.

Aqui está um link rápido para a sua página de encomendas:

BestBooksActivity.com/Avaliacoes50

Obrigado pela vossa ajuda e divirtam-se!

1 - Dirigindo

М	Н	Н	Ґ	Ш	Д	В	Н	К	П	С	Г	П	П
В	О	Б	Е	Р	Е	Ж	Н	І	С	Т	Ь	Є	М
У	П	Т	А	Б	Е	З	П	Е	К	А	Л	Ш	О
Л	О	Р	О	В	Е	А	Я	Л	Н	Б	У	Щ	Т
И	Л	А	Ш	Ц	Т	З	Х	Л	Щ	Г	А	З	О
Ц	І	Ф	Т	А	И	О	П	А	Л	И	В	О	Р
Я	Ц	І	Р	С	В	К	М	Е	У	К	А	Т	Л
Ґ	І	К	А	Щ	Х	А	Л	О	К	Л	Р	У	П
Ь	Я	И	Н	К	Ь	Р	Є	Є	Б	А	І	Н	Г
І	С	Ф	С	К	Ю	Т	П	Ц	Я	І	Я	Е	А
Ь	У	Ь	П	Б	Г	А	Р	А	Ж	Т	Л	Л	Л
Д	О	Р	О	Г	А	Е	Х	Є	Ш	Ш	І	Ь	Ь
У	Ц	Л	Р	П	І	Ш	О	Х	І	Д	Т	П	М
Щ	Т	Б	Т	Л	І	Ц	Е	Н	З	І	Я	Л	А

АВАРІЯ
АВТОМОБІЛЬ
ПАЛИВО
ОБЕРЕЖНІСТЬ
ДОРОГА
ГАЛЬМА
ГАРАЖ
ГАЗ
ЛІЦЕНЗІЯ
КАРТА

МОТОЦИКЛ
МОТОР
ПІШОХІД
НЕБЕЗПЕКА
ПОЛІЦІЯ
ВУЛИЦЯ
БЕЗПЕКА
ТРАНСПОРТ
ТРАФІК
ТУНЕЛЬ

2 - Atividades

П	Д	Щ	Я	З	Р	И	Б	О	Л	О	В	Л	Я
У	О	І	У	А	Р	Г	Х	Г	Ф	Р	Г	У	Ю
В	З	Л	У	Д	Н	Ф	Ч	Н	О	Х	В	Ь	Є
К	В	С	Ю	О	Ш	Ж	Щ	К	Т	Ґ	Г	Ч	Н
Е	І	І	В	В	А	Ь	И	Я	О	К	У	Ю	А
Р	Л	Г	У	О	А	М	Ф	Х	Г	Р	У	М	В
А	Л	У	П	Л	І	Н	Т	Е	Р	Е	С	И	И
М	Я	Б	Ґ	Е	Ч	Ю	Н	Є	А	М	В	С	Ч
І	А	Ґ	Ф	Н	Ч	И	Н	Я	Ф	Е	А	Т	К
К	П	Г	Х	Н	А	Ь	Т	Х	І	С	Ґ	Е	А
А	О	П	І	Я	Я	Т	А	А	Я	Л	Ь	Ц	Я
А	Я	Р	Г	Я	Щ	Ф	Л	П	Н	А	Щ	Т	Н
І	Г	Р	И	Б	Ш	Ґ	Ш	Є	Г	Н	Ш	В	У
С	А	Д	І	В	Н	И	Ц	Т	В	О	Я	О	М

MИСТЕЦТВО
РЕМЕСЛА
ПОЛЮВАННЯ
КЕРАМІКА
ФОТОГРАФІЯ
НАВИЧКА
ІНТЕРЕСИ

САДІВНИЦТВО
ІГРИ
ДОЗВІЛЛЯ
ЧИТАННЯ
МАГІЯ
РИБОЛОВЛЯ
ЗАДОВОЛЕННЯ

3 - Churrascos

```
Ф  У  Я  Ґ  Ч  О  Е  Н  П  У  С  Л  С  М
Р  П  Є  Ф  М  К  І  С  Е  І  О  З  Щ  Ш
М  Р  П  О  М  І  Д  О  Р  И  У  А  Ю  Д
І  Ґ  І  Б  Ш  Ц  В  В  Е  Т  С  П  Г  Ю
Ш  Ґ  И  І  Щ  Ф  Є  О  Ц  Н  А  Р  А  Ю
І  Е  Р  Д  С  Р  К  Ч  Ь  С  Л  О  Р  Е
А  М  Є  И  Ч  У  Г  І  К  І  А  Ш  Я  К
Р  М  У  З  И  К  А  Р  Ш  Л  Т  Е  Ч  У
В  Р  И  К  Х  Т  І  Р  И  Ь  И  Н  Е  Р
У  Е  И  Я  Б  Е  Д  О  Г  Л  Ь  Н  Д  К
О  И  Ч  Я  У  У  І  Д  О  П  Ь  Я  Х  А
Р  Я  К  Е  Н  У  Т  И  Л  І  Т  О  У  Г
І  Щ  Г  Л  Р  Н  И  Н  О  Ж  І  Ю  С  Ч
С  У  А  Х  Ц  Я  С  А  Д  М  Л  Н  У  Н
```

ОБІД	ІГРИ
ЗАПРОШЕННЯ	ОВОЧІ
ДІТИ	СОУС
НОЖІ	МУЗИКА
РОДИНА	ПЕРЕЦЬ
ГОЛОД	ГАРЯЧЕ
КУРКА	СІЛЬ
ФРУКТ	САЛАТИ
ГРИЛЬ	ПОМІДОРИ
ВЕЧЕРЯ	ЛІТО

4 - Pesca

```
З О Б Л А Д Н А Н Н Я Т К П
Ч Я Ч Т Д Б П О И О И Е О Е
О С Б К Л Х Ф Т У Щ В Р Ш Р
В Е М Р В Щ Р І Ч К А П И Е
Е З Д Ґ А У Е К Ю М Т І К Б
Н О М Ь Г А К Л Д Я Р Н О І
Ж Н Н Е А Г О З Е Р О Н К Л
К У Х А Р Ж М Є П П І Я Е Ь
І Т Ц Ґ Б Щ Ю С Є Р А Т А Ш
Я О Т Ь А У Ц Ь Р И И Ц Н Е
Ш Е І Р А Ь В Л Ч Н Р Ж Є Н
Ч Б О П Л Я Ж Я А А Д Ь Е Н
Ґ Л М Т И Ч К Г Р Д Ф Т Р Я
Ч П Ш В О Д А У С А І А Г Е
```

ВОДА	ПРИНАДА
ЧОВЕН	ОЗЕРО
ЗЯБРА	ЩЕЛЕПА
КОШИК	ОКЕАН
КУХАР	ТЕРПІННЯ
ОБЛАДНАННЯ	ВАГА
ПЕРЕБІЛЬШЕННЯ	ПЛЯЖ
ДРІТ	РІЧКА
ГАК	СЕЗОН

5 - Geologia

```
Л С А И К Х К Ґ Е К З С Ф Е
Я А Л Р Р А О С П А Е Т С С
І Т В Ж И Р Н Д Г Л М А О Ш
М Ю И А С М Т К Г Ь Л Л В С
Д Ц Ч С Т І И Е Д Ц Е А И Т
В У Л К А Н Н П К І Т Г К А
С Д Ф Ш Л Е Е Е О Й Р М О Л
С І А Ь И Р Н Ч Р Т У І П А
Х П Л Н О А Т Е А О С Т Н К
Ц Л Ґ Ь Ш Л О Р Л Щ З И И Т
З О Н А А И А А О И Ґ І Й И
И Ф Х Ж Р Ц С Ю В А Ж Я Я Т
К И С Л О Т А Б И П Л А Т О
В Т К В А Р Ц Ж Й П Н Г П І
```

KИСЛОТА
ШАР
ПЕЧЕРА
КАЛЬЦІЙ
КОНТИНЕНТ
КОРАЛОВИЙ
КРИСТАЛИ
ЕРОЗІЯ
СТАЛАКТИТ
СТАЛАГМІТИ

ВИКОПНИЙ
ЛАВА
МІНЕРАЛИ
ПЛАТО
КВАРЦ
СІЛЬ
ЗЕМЛЕТРУС
ВУЛКАН
ЗОНА

6 - Móveis

К	Н	И	Ж	К	О	В	А	Ш	А	Ф	А	Л	Ш
К	Є	Ю	В	Р	Л	А	В	А	М	О	П	І	Т
П	Я	Ж	Ч	І	П	О	Л	И	Ц	І	С	Ж	О
Е	О	Ф	Є	С	Х	Ж	Г	О	Е	С	Т	К	Р
Н	І	Д	І	Л	Ф	Ч	А	В	Н	Щ	П	О	И
Д	К	В	У	О	Р	Х	М	М	А	Т	Р	А	Ц
З	И	Щ	Ш	Ш	Б	А	А	Я	Н	П	И	Ц	Ч
Е	Л	В	Ф	Ю	К	Ю	К	Ґ	Л	О	Е	Ц	Д
Р	И	Т	А	К	О	А	Р	Є	У	Д	А	К	П
К	М	Д	С	Н	М	Ж	Щ	О	Ф	У	Т	О	Н
А	О	Х	У	Г	О	Р	У	С	М	Ш	М	М	Л
Л	К	Р	Ю	Ш	Д	І	Ф	Г	А	К	Г	Я	Щ
О	Р	Е	В	Щ	В	Р	Щ	Ґ	Б	И	Б	Ш	Т
С	Т	У	Ч	П	Е	І	Ю	Ю	Ґ	Ь	Є	Ф	Ц

ПОДУШКА
ПОДУШКИ
ЛАВА
КРІСЛО
ЛІЖКО
МАТРАЦ
ШТОРИ
КОМОД

ДЗЕРКАЛО
КНИЖКОВА ШАФА
ФУТОН
ГАМАК
БЮРО
ПОЛИЦІ
ДИВАН
КИЛИМОК

7 - Tempo

```
И Х М Ф К А Г О Д И Н А Щ К
Д Р Щ К А И П О О Х Б У О Ч
С І П Х Л Б Т Є Д В Ч О Р А
П Щ У Е Е Д І Ь Ю И Ю Б І Б
Д Ф Ь Р Н Г Я В Е Л Н І Ч Щ
Р Р І К Д Р В О Щ И Б Н Н Е
Л А С М А Й Б У Т Н Є М И Г
Д Е Н Ь Р М И Ґ Ф А І О Й К
В Р Г О О З А Р А З Я М Н Т
Ґ Е Н И К Г Щ Ф И Щ В Е Ф В
Е С К Е Р Ю О Е Ю Ю Ш Н Є У
Г Н Б Ч Т И Ж Д Е Н Ь Т Щ Ь
П О Л У Д Е Н Ь Н У І М Ж П
М О К М І С Я Ц Ь І Я В Ь Д
```

ЗАРАЗ	РАНОК
РІК	ПОЛУДЕНЬ
ДО	МІСЯЦЬ
ЩОРІЧНИЙ	ХВИЛИНА
КАЛЕНДАР	МОМЕНТ
ДЕНЬ	НІЧ
МАЙБУТНЄ	ВЧОРА
СЬОГОДНІ	ГОДИННИК
ГОДИНА	ТИЖДЕНЬ

8 - Astronomia

```
О С Л О М А А А Р Ч Е Ю Г З
Ґ В О М Ц С Е С Е А Б Г Х Е
М А Н Ч Ь Т Ш Т Т С К Є Ч М
І Ж Ь В К Р Ь Е У Р К Е П Л
С М Е Т Е О Р Р М Л О В Т Я
Я И Х Ч Т Н М О А Ж С Н Ь А
Ц И Ф Н Б А У Ї Н Т М Е О Т
Ь Ш Щ Б Г В Ш Д Н Я О Б П М
Г Р А В І Т А Ц І Я С О Л С
С О Н Я Ч Н И Й С Ч І Г А У
Г Н А Д Н О В А Т Г Ґ Г Н З
Р А Д І А Ц І Я Ь О Ю Ш Е І
О Б С Е Р В А Т О Р І Я Т Р
З А Т Е М Н Е Н Н Я Ц Т А Я
```

АСТЕРОЇД	МІСЯЦЬ
АСТРОНАВТ	МЕТЕОР
АСТРОНОМ	ТУМАННІСТЬ
НЕБО	ОБСЕРВАТОРІЯ
СУЗІР'Я	ПЛАНЕТА
КОСМОС	РАДІАЦІЯ
ЗАТЕМНЕННЯ	СОНЯЧНИЙ
РАКЕТА	НАДНОВА
ГРАВІТАЦІЯ	ЗЕМЛЯ

9 - Circo

Р	Я	Щ	У	Х	Н	Щ	Б	М	Л	І	Т	А	Г
Ю	О	У	Ч	М	А	В	П	А	Е	С	М	У	Л
К	Ф	З	О	Б	М	И	Е	Г	В	Р	Б	А	Я
О	В	И	В	Л	Е	К	Ю	І	А	Щ	К	К	Д
С	Щ	Х	Є	А	Т	П	В	Я	И	А	Л	Р	А
Т	С	У	К	Б	Ж	Ш	Ц	И	Ґ	Є	О	О	Ч
Ю	Л	С	І	Є	О	А	Ц	У	Т	Г	У	Б	Ц
М	О	А	Ж	Ґ	Н	Ц	Т	Ф	К	О	Н	А	Н
У	Н	Ц	Д	Г	Г	А	В	И	П	Е	К	Т	Е
З	Н	У	С	Л	Л	Я	А	К	А	О	Р	Х	Е
И	Т	У	О	Г	Е	Н	Р	Щ	Р	Б	О	К	Л
К	Г	В	Л	Л	Р	О	И	Т	А	О	Ґ	Г	И
А	М	А	Г	Я	Ю	Ж	Н	Ц	Д	Т	И	Г	Р
Я	Т	Ґ	Г	Щ	Ф	Ч	Л	Ю	Е	Ш	Л	Т	Ю

AКРОБАТ
ТВАРИН
КВИТОК
ПАРАД
ЦУКЕРКИ
СЛОН
РОЗВАЖАТИ
ГЛЯДАЧ
ЛЕВ

МАВПА
МАГІЯ
ЖОНГЛЕР
МАГ
МУЗИКА
КЛОУН
НАМЕТ
ТИГР
КОСТЮМ

10 - Acampamento

```
Є К Я О Б Р У І І Ь О П В М
Г О Р А Ж Б А Х І С Б Р С О
Р М Ж Г Щ Є С Ч Х Ц Л И Л Т
К П К Д М І С Я Ц Ь А Р Н У
О А У Е У И К К А Є Д О Ґ З
М С П Р И Г О Д А Х Н Д О К
А А Т Е Х М Е Д С Ж А А З А
Х К В В Л А І Б Т Ч Н М Е Ц
А А А А Щ Ю В О Г О Н Ь Р Ч
Н Б Р Р Г Ґ Х Х Ч У Я Є О О
А І И Ф Т Г А М А К А Н О Е
М Н Н Х Л А Р Щ Е Е Н М Ь Т
Е А М Щ Д І І О Є Д Є П Р Ц
Т І П М С О С А Х А І Н Ь И
```

ТВАРИН
ПРИГОДА
ДЕРЕВА
КОМПАС
КАБІНА
КАНОЕ
КАПЕЛЮХ
МОТУЗКА
ОБЛАДНАННЯ
ЛІС

ВОГОНЬ
КОМАХА
ОЗЕРО
МІСЯЦЬ
ГАМАК
КАРТА
ГОРА
ПРИРОДА
НАМЕТ

11 - Emoções

```
Ч Р О Л Р Е Щ К С Ц С Н С І
Н А Ш Ю Д С М У Т О К Є П Ю
І Д О Б Р О Т А Р І Є Ґ І Я
Ж І И О Т І Я П А Р А Щ В З
Н С Д В Г Л Ч Ц Х Р И П Ч А
І Т Д Н Щ Ю Н В К Ю Є Р У Д
С Ь Б Л А Ж Е Н С Т В О Т О
Т Г Ь С П О К І Й Н И Й Т В
Ь Н Н О П Г В М Н У Л І Я О
К Я У І С О Ґ Ч Ґ Д Т Л Я Л
П Ц С Р В М К И Ю Ь Ж Ґ С Е
В Д Я Ч Н И Й І Є Г Є Ґ К Н
Н Щ К Е М Р О Ю Й А Ф О Г И
З М І С Т Г Т Е К Щ Щ Є Н Й
```

РАДІСТЬ	МИР
ЛЮБОВ	ГНІВ
БЛАЖЕНСТВО	ЗАДОВОЛЕНИЙ
ДОБРОТА	СПІВЧУТТЯ
СПОКІЙНИЙ	НІЖНІСТЬ
ЗМІСТ	НУДЬГА
ВДЯЧНИЙ	СПОКІЙ
СТРАХ	СМУТОК

12 - Ficção Científica

```
И О О Ц П Л Т К Н И Г И Ч Б
Н Ш В И І Ц Ь І Щ Щ Н И Ф Р
Ф Щ И В О Г О Н Ь В Ю М У Е
У И Б И Д А Т О М Н И Й Т А
У К У І А Є Щ Л О Р А К У Л
М Я Х Л Л Е С В І Т Н У Р І
Ь Ф В В Е Ю И Ч Ґ А Т Т И С
М Ф Г Н К Я З Н Ш Є И О С Т
Б Ґ І Щ И Н А І Т М У П Т И
Ґ Х Є Ж Й Й К Ф Я Н Т І И Ч
Ч И Щ Ж О І Е Р Ю И О Я Ч Н
Р О Б О Т И М П Е Ч П Г Н И
П Л А Н Е Т А М Б И І Г И Й
Г А Л А К Т И К А Й Я Ь Й С
```

АТОМНИЙ
КІНО
ДАЛЕКИЙ
АНТИУТОПІЯ
ВИБУХ
ВОГОНЬ
ФУТУРИСТИЧНИЙ
ГАЛАКТИКА
ІЛЮЗІЯ

УЯВНИЙ
КНИГИ
ТАЄМНИЧИЙ
СВІТ
ОРАКУЛ
ПЛАНЕТА
РЕАЛІСТИЧНИЙ
РОБОТИ
УТОПІЯ

13 - Mitologia

```
Р  Л  Г  Р  І  М  В  М  Х  Н  Б  Г  К  П
Г  Е  Р  О  Ї  Н  Я  О  І  Н  Л  Е  У  О
П  Г  В  Х  К  Ф  С  Х  Ї  К  И  Р  Л  В
О  Е  Л  Н  У  О  И  У  Р  Н  С  О  Ь  Е
М  Н  А  С  О  Ч  Ф  М  Ч  К  Й  Т  Д
С  Д  Б  М  Б  Щ  Х  С  І  А  А  І  У  І
Т  А  І  Е  Ш  О  І  Т  Б  Р  В  Е  Р  Н
А  Р  Р  Р  З  І  С  В  И  І  К  Ж  А  К
Ц  Х  И  Т  А  С  Р  О  Я  В  А  К  Ґ  А
Т  Е  Н  Н  Т  Т  М  Р  П  Н  С  И  Л  А
Ґ  Т  Т  И  Ґ  О  Т  Е  Д  И  Х  Л  Є  Ж
Щ  И  Ю  Й  Б  Т  В  Н  Р  Й  Ч  И  И  Ф
Ь  П  А  Ч  Ь  А  П  Н  Б  Т  К  Х  Щ  И
М  О  Н  С  Т  Р  В  Я  Ґ  Ф  Я  О  С  Н
```

АРХЕТИП	ГЕРОЙ
РЕВНОЩІ	БЕЗСМЕРТЯ
ПОВЕДІНКА	ЛАБІРИНТ
СТВОРЕННЯ	ЛЕГЕНДА
ІСТОТА	ЧАРІВНИЙ
КУЛЬТУРА	МОНСТР
ЛИХО	СМЕРТНИЙ
СИЛА	БЛИСКАВКА
ВОЇН	ГРІМ
ГЕРОЇНЯ	ПОМСТА

14 - Medições

```
Щ Б Д Ф Ц Х Щ И О О А Х К Г
Н І Ґ Г Л Б В С М А Н Р І Л
Д О В Ж И Н А И Д Ю Й М Л И
К І Л О Г Р А М Л К С Х О Б
Ш К Х Е Ю В В Ю Х И А Г М И
С Т У П І Н Ь А Д І Н Р Е Н
І Ф Л В Л У М Л Г Г Т А Т А
В Ш О Ж І Н У Є М А И М Р Д
Л И Б Г Т Ц Л Ш Ц Х М Х Є Ж
Ц Р С К Р І Н Я С Л Е М М С
Х И Я О Щ Я Ю Д Ь Ґ Т А Е Щ
О Н Г Ґ Т Т О Н Н А Р С Т Щ
Х А Т Я Б А Й Т К Ю М А Р Ц
Д Е С Я Т К О В И Й В Н Р Н
```

ВИСОТА	МЕТР
БАЙТ	ХВИЛИНА
САНТИМЕТР	УНЦІЯ
ДОВЖИНА	ВАГА
ДЕСЯТКОВИЙ	ДЮЙМ
ГРАМ	ГЛИБИНА
СТУПІНЬ	КІЛОГРАМ
ШИРИНА	КІЛОМЕТР
ЛІТР	ТОННА
МАСА	ОБСЯГ

15 - Plantas

```
І  Б  Р  О  С  Л  И  Н  Н  І  С  Т  Ь  П
Т  А  И  А  Ь  Е  С  Ч  Д  Ц  А  Ф  А  Е
Р  М  Г  Д  К  Ь  Я  Л  И  С  Т  Я  Е  Л
А  Б  Б  О  Т  А  Н  І  К  А  Р  Г  М  Ю
В  У  У  Б  Р  Ш  Щ  С  В  Ч  Ю  М  О  С
А  К  Д  Р  А  Є  И  Б  А  І  К  В  Х  Т
О  Д  Н  И  В  К  Б  У  С  Д  О  Г  Т  К
П  Ь  П  В  С  Ф  Ь  М  О  Г  Р  Ш  С  А
Є  Є  Г  О  Я  Щ  Н  Ц  Л  Я  І  У  Ю  Д
Ф  К  Е  К  Г  Г  А  Ч  Я  Ь  Н  Р  Т  Е
Ґ  П  Б  П  Є  С  О  І  И  Е  Ь  У  Д  Р
Б  Ф  Л  О  Р  А  Д  Д  К  У  Щ  О  С  Е
Е  Ш  Л  Ю  С  Ш  Х  К  А  К  Т  У  С  В
В  Н  Х  Щ  Щ  К  В  І  Т  К  А  В  Щ  О
```

КУЩ	ФЛОРА
ДЕРЕВО	ЛІС
ЯГОДА	ЛИСТЯ
БАМБУК	ТРАВА
БОТАНІКА	ПЛЮЩ
КАКТУС	САД
ТРАВ	МОХ
КВАСОЛЯ	ПЕЛЮСТКА
ДОБРИВО	КОРІНЬ
КВІТКА	РОСЛИННІСТЬ

16 - Veículos

```
Ф С І Ж К С В С Ч О В Е Н Д
У С Ю Р Ж Р А В Т О Б У С Х
Р А К Е Т А И Щ Д О В Ц Ц Ж
Г В А Н Т А Ж І В К А Н И Ш
О П Б Ш Д Ш Ф Н У У С Б И Е
Н Л В Е Л О С И П Е Д Ж Д К
Д І Е С Х Т В Б І Ц В Х Н А
В Т Р А В Т О М О Б І Л Ь Р
И С Т Ш И Н И Л П О Р О М А
Г К О А М В У Ц І Н Ф П У В
У У Л Р К В М Е Б Т С Ґ Р А
Н Т І Х А С І Т Е Ь А Ґ Ц Н
М Е Т Р О Ю І Н М Ж Є К Ч І
Т Р А К Т О Р І Ю А В І Я В
```

ЛІТАК	ПЛІТ
ПОРОМ	СКУТЕР
ЧОВЕН	МЕТРО
ВЕЛОСИПЕД	ДВИГУН
ВАНТАЖІВКА	АВТОБУС
КАРАВАН	ШИНИ
АВТОМОБІЛЬ	ТАКСІ
РАКЕТА	ЧОВНИК
ФУРГОН	ТРАКТОР
ВЕРТОЛІТ	

17 - Restaurante # 2

```
Я  Ц  Ж  В  К  Г  Л  Ь  Л  С  Н  Ч  Ш  Ф
Л  І  Д  Д  Е  В  А  С  О  О  Ю  Ф  Н  Р
О  О  С  У  П  Д  К  Р  К  Р  В  Щ  І  У
Ж  Ф  П  М  Ю  Я  Р  Ч  Ш  И  И  О  А  К
К  І  Е  Н  А  П  І  Й  И  Б  Л  С  Ч  Т
А  Ц  Ц  Ь  Ю  Л  С  Ж  Н  А  К  М  В  І
І  І  І  Я  А  Н  Л  С  А  А  А  А  Е  С
Ш  А  Ї  Х  Д  Ж  О  Д  І  Щ  Я  Ч  Ч  А
Ь  Н  В  О  Д  А  Я  Б  Р  Л  М  Н  Е  Л
Н  Т  Я  Ж  Я  П  Д  В  І  И  Ь  И  Р  А
Х  К  И  М  Е  В  І  Р  Ш  Д  Ч  Й  Я  Т
Щ  Т  Ь  К  Ю  І  Є  Ь  Л  Г  Д  Ґ  Н  О
Ш  О  Р  Е  Я  Ж  Д  Ц  І  Г  Щ  М  Н  Р
З  А  К  У  С  К  А  Ь  А  У  Т  Щ  Ц  Т
```

ОБІД	ОФІЦІАНТ
ЗАКУСКА	ВИЛКА
ВОДА	ЛІД
НАПІЙ	ВЕЧЕРЯ
ТОРТ	ОВОЧІ
КРІСЛО	ЛОКШИНА
ЛОЖКА	РИБА
СМАЧНИЙ	СІЛЬ
СПЕЦІЇ	САЛАТ
ФРУКТ	СУП

18 - Países #2

```
М У Щ С А Ф Н Л Л І В А Н Ґ
Ф К В У Ч Б С О М А Л І С Б
Ш Р Н І Г Е Р І Я П О Н І Я
Н А А П А К И С Т А Н С Я Ж
І Ї В Н Г А Ї Т І А Ш О М Щ
І Н Ґ І Ц Т І Ю Л Ч Р І А Ь
Р А Д А Н І Я Я Ф Г О Ф Й Є
Л У Щ О О Г Я М Е К С И К А
А Д У С Н Р И С И Р І Я А І
Н Е П А Л Е С В Е О Я Л Д Ґ
Д Щ Ц Л Я Ц З А Л Б А Н І Я
І Г Щ Н С І У І У Г А Н Д А
Я Р Д Ь О Я Б Ю Я Ф Ч Ф Ю А
Є І А Ґ П Г Щ Ч О У Л Д Ч І
```

АЛБАНІЯ	ЛІВАН
ДАНІЯ	МЕКСИКА
ФРАНЦІЯ	НЕПАЛ
ГРЕЦІЯ	НІГЕРІЯ
ГАЇТІ	ПАКИСТАН
ІНДОНЕЗІЯ	РОСІЯ
ІРЛАНДІЯ	СИРІЯ
ЯМАЙКА	СОМАЛІ
ЯПОНІЯ	УКРАЇНА
ЛАОС	УГАНДА

19 - Cozinha

```
Г А К Ж Р Е Ю О И Х Ш В Ш М
Р У С И Є Л В Ч М О Г Л Е К
И Р Б М О Р О З И Л Ь Н И К
Л Е Ц К Х С Щ Ж П О С О И Ч
Ь Ц В Д А Е Д Ь К Д К И М А
Б Е Ш Ґ Г Р Ф О В И Л К И Ш
П П Г Х Ш В Є А И Л Ю П Ь А
Д Т Є Г П Е С Ґ Щ Ь Я П І Т
Є Ш Ю Б П Т Г Л М Н О Ж І Ф
Ц И Ч А Ш К И А Х И Н Щ Л Ч
Д Т А Ю Ч А Й Н И К Я Ч Т Ж
Г Л Е Ч И К Д Ф А Р Т У Х Т
Х Ь Л Б У Ж С П Е Ц І Ї М Ц
П А Л И Ч К А М И У У В Т К
```

ФАРТУХ	ВИЛКИ
ЧАЙНИК	ХОЛОДИЛЬНИК
ЛОЖКИ	ГРИЛЬ
ЧАШКИ	СЕРВЕТКА
СПЕЦІЇ	ГЛЕК
ГУБКА	ГЛЕЧИК
НОЖІ	ПАЛИЧКАМИ
ПІЧ	РЕЦЕПТ
МОРОЗИЛЬНИК	ЧАША

20 - Brinquedos

Ф	Щ	Ц	Л	Р	Б	Х	Ч	Т	Е	Ґ	К	Ч	К
Г	А	В	Т	О	М	О	Б	І	Л	Ь	Н	О	Р
Т	У	Л	Ю	Б	Л	Е	Н	И	Й	И	И	В	Е
І	Т	А	Ь	О	М	Я	Ч	Ф	П	Щ	Г	Е	М
У	В	А	Н	Т	А	Ж	І	В	К	А	И	Н	Е
Б	Я	Л	Я	Л	Ь	К	А	Ф	С	В	И	І	С
П	А	В	І	Г	Р	И	Е	Є	Ц	Е	К	П	Л
М	П	Р	А	Т	Е	Б	О	Г	Л	Л	Ф	Р	А
М	Ц	Т	А	Ф	А	Р	Б	И	Є	О	О	Я	Т
Ш	К	Х	Т	Б	О	К	Х	Ц	И	С	Ґ	У	Щ
Я	Н	И	Є	Ю	А	Д	О	Щ	Д	И	Щ	Щ	Р
Х	М	П	Е	Д	Р	Н	И	Е	Є	П	Щ	Л	О
Ш	А	Х	И	В	Г	Л	И	Н	А	Е	В	І	Ю
А	Ж	Ю	Б	Ж	Р	І	Б	Є	Р	Д	Ю	С	К

ГЛИНА
РЕМЕСЛА
ЛІТАК
ЧОВЕН
БАРАБАНИ
ВЕЛОСИПЕД
М'ЯЧ
ЛЯЛЬКА
ВАНТАЖІВКА

АВТОМОБІЛЬ
УЛЮБЛЕНИЙ
УЯВА
ІГРИ
КНИГИ
РОБОТ
ФАРБИ
ШАХИ

21 - Verão

Ґ	І	Ш	Р	Ш	С	Г	Ц	Ц	Ю	Ш	Р	З	П
Х	Г	С	А	О	Х	Ю	У	Ж	Б	О	О	І	І
Ь	Щ	У	Д	О	З	В	І	Л	Л	Я	З	Р	Р
П	Є	Ц	І	М	У	З	И	К	А	Н	С	К	Н
Є	Ш	М	С	О	Р	К	В	М	Е	О	Л	И	А
Б	М	І	Т	Р	Д	О	Л	Я	Ц	Р	А	У	Н
Л	Л	Л	Ь	Е	Р	І	Д	Т	П	К	Б	Е	Н
К	Н	И	Г	И	У	Г	М	И	І	Є	Л	Щ	Я
Е	К	Ц	І	Е	З	Р	К	Ф	Н	Ш	Е	Т	Б
М	Х	Г	П	С	І	И	Я	Є	П	А	Н	Д	К
П	Г	С	А	Н	Д	А	Л	І	Л	Ш	Н	Ф	А
І	Л	У	А	Т	О	Т	Ф	Т	Я	Ч	Я	В	П
Н	К	П	Ш	Д	І	Ф	Б	Т	Ж	І	Т	Г	Х
Г	П	О	Д	О	Р	О	Ж	У	В	А	Т	И	Є

КЕМПІНГ	КНИГИ
РАДІСТЬ	МОРЕ
ДРУЗІ	ПІРНАННЯ
ДІМ	МУЗИКА
ЗІРКИ	ПЛЯЖ
РОДИНА	РОЗСЛАБЛЕННЯ
САД	САНДАЛІ
ІГРИ	ПОДОРОЖУВАТИ
ДОЗВІЛЛЯ	

22 - Material de Arte

Щ	І	Т	К	А	О	М	Г	Г	Л	И	Н	А	О
Н	С	В	М	О	Л	Ь	Б	Е	Р	Т	К	Ц	Л
И	Щ	О	О	Г	Л	П	Ц	М	Т	Є	А	Ґ	І
Т	Є	С	Ф	Д	В	Ь	А	Ч	Б	Ю	М	Е	Я
Ч	Ч	А	Ц	Д	А	Л	О	П	Ж	К	Е	Е	Т
О	А	К	Р	І	С	Л	О	Р	І	Ґ	Р	П	П
Р	Б	В	Р	І	Ґ	Д	В	Ц	И	Р	А	Я	А
Н	А	А	К	Р	И	Л	О	В	И	Й	Щ	Т	С
И	Ь	Р	Л	Ф	Г	Ц	Ф	Ґ	Б	А	Ц	А	Т
Л	И	Е	Е	І	У	Д	Б	Я	М	Ш	А	Б	Е
О	Р	Л	Й	І	М	О	Л	І	В	Ц	І	Л	Л
Е	Я	І	Т	Х	К	Т	Ц	П	Ч	Х	С	И	І
Ю	Ґ	Е	Ц	Ф	А	Р	Б	И	Т	М	Ш	Ц	Ю
Ц	Е	Є	Т	В	О	Р	Ч	І	С	Т	Ь	Я	Ш

AКРИЛОВИЙ
ГУМКА
АКВАРЕЛІ
ГЛИНА
ВОДА
КРІСЛО
МОЛЬБЕРТ
КАМЕРА
КЛЕЙ
КОЛЬОРИ

ТВОРЧІСТЬ
ЩІТКА
ОЛІВЦІ
ТАБЛИЦЯ
ОЛІЯ
ПАПІР
ПАСТЕЛІ
ЧОРНИЛО
ФАРБИ

23 - Números

```
Т  М  П  Н  М  Ч  Ф  А  Ш  Ю  Р  С  М  Т
Р  П  Я  Т  Ь  О  И  Р  І  В  В  Б  Ф  К
И  Н  Т  Д  Ц  Т  Д  Х  С  Д  І  П  О  Г
Н  Ц  Н  Я  У  И  Е  И  Т  Е  С  С  І  И
А  Т  А  Д  Д  Р  С  И  Н  В  І  І  І  К
Д  Р  Д  Е  В  Н  Я  Р  А  Я  М  М  Ц  М
Ц  И  Ц  С  А  А  Т  Ч  Д  Т  Н  Н  В  Т
Я  В  Я  Я  Д  Д  К  О  Ц  Ь  А  А  П  Ґ
Т  Я  Т  Т  Ц  Ц  О  Н  Я  Д  Д  Д  Ч  Є
Ь  Ю  Ь  Ь  Я  Я  В  Т  Т  А  Ц  Ц  О  Е
Ч  Т  Ф  Н  Т  Т  И  Г  Ь  Ч  Я  Я  Т  Ґ
Д  М  Є  Ш  Ь  Ь  Й  С  К  Я  Т  Т  И  Г
Н  Ж  Щ  Є  У  У  Ч  І  Е  Л  Ь  Ь  Р  В
Ш  І  С  Т  Ь  Ф  І  М  Г  Ш  М  Ш  И  В
```

П'ЯТЬ	ЧОТИРНАДЦЯТЬ
ДЕСЯТКОВИЙ	ЧОТИРИ
ДЕСЯТЬ	П'ЯТНАДЦЯТЬ
ШІСТНАДЦЯТЬ	ШІСТЬ
СІМНАДЦЯТЬ	СІМ
ВІСІМНАДЦЯТЬ	ТРИНАДЦЯТЬ
ДВА	ТРИ
ДЕВ'ЯТЬ	ОДИН
ВІСІМ	ДВАДЦЯТЬ

24 - Ferramentas

```
Ж Ц П С Е Н Г Д К П К Ж В Н
Г В И Н Т Т Ф К И Л А Л С І
Ф Р М Е О Ш Е Л Ф О Б О О Ж
Х С Х О Д И Я Ц С С Е П Х С
Ю Е Я С Л Щ Ф О В К Л А Ю Ю
Т У К В О О Ь Ж Ц О Ь Т О Е
М О Б С Т К Т Ф Б Г Г А Б Б
Б Р И Т В А И О А У К Л Е Й
Л Ж К Ч Р Ш Є Р К Б Щ У Е Ф
О Л М О Т У З К А Ц Ш Б М Ґ
Д А В Ю Л М Р Н Ж І С В Ц І
Ф А К Е Л Е Н О Ж И Ц І К М
П Д Я К В М С Ж Х Ґ С Є Ф К
С Т Е П Л Е Р О И У А Ж В Ж
```

ПЛОСКОГУБЦІ
КАБЕЛЬ
КЛЕЙ
МОТУЗКА
СХОДИ
НІЖ
СТЕПЛЕР
СОКИРА

МОЛОТОК
БРИТВА
ГВИНТ
ЛОПАТА
КОЛЕСО
НОЖИЦІ
ФАКЕЛ

25 - Especiarias

```
Щ Ґ Ч Н Ц В К М О М С Ш С В
Щ Ц Т К Ґ О Ш А Ф Р А Н М А
Ф Е Н Х Е Л Ь А Р О М А Т Н
П Х Ґ Г Я С О Л О Д К И Й І
Е А Н І С І М Б И Р А Х Г Л
Х Ч Д Р С О Л О Д К А М В І
Ф А Л К О Р І А Н Д Р Н О С
К С Щ И К И С Л И Й И Є З Н
А Н Н Й П А Є Ю К М И Н Д Щ
Р И У Ч Ь Е Ц І О Х П Ь И Є
Р К Х Н С Ь Р Е Р С И Х К Щ
І Ц И Б У Л Я Е И І Є Ц А Е
В О Б А Ь Ґ У В Ц Л І М Ф П
Т В О Б У А Д Р Я Ь А У Я Є
```

ШАФРАН	ЦИБУЛЯ
СОЛОДКА	КОРІАНДР
ЧАСНИК	КМИН
ГІРКИЙ	ГВОЗДИКА
АНІС	СОЛОДКИЙ
КИСЛИЙ	ФЕНХЕЛЬ
ВАНІЛІ	ІМБИР
КОРИЦЯ	ПЕРЕЦЬ
КАРДАМОН	АРОМАТ
КАРРІ	СІЛЬ

26 - Aniversário

```
Н А Р О Д И В С Я Щ Т М С В
Ж І В Ц Е Р Ж Л К А О О В Ж
Ц Ж Щ Г Н Щ У Н Ь С Р Л Я В
Д С М А Ь Ф О З Г Л Т О Т Ч
Р А Д І С Н И Й І И Я Д К А
К Р Х Ч Я Є Є М Г В Ж И У С
Е А І Ч Є Е Б У Л И П Й В Ю
У Ш Р К М Ф Щ Д Ц Й М К А О
П С Д Т З А П Р О Ш Е Н Н Я
І Ж Ф Х К Б Х І Т В Б Ш Н Я
С Д М Щ Я И Д С В О Д Х Я И
Н И О А В Ф Р Т Х Р Б Ц И А
Я У Є Ц Я Р С Ь І Я Щ Ц У В
К А Л Е Н Д А Р Ш М Г Ш Щ Х
```

РАДІСНИЙ	ЗАПРОШЕННЯ
ДРУЗІ	ДЕНЬ
РІК	ЩАСЛИВИЙ
ТОРТ	МОЛОДИЙ
КАЛЕНДАР	НАРОДИВСЯ
ПІСНЯ	МУДРІСТЬ
КАРТКИ	ЧАС
СВЯТКУВАННЯ	

27 - Casa

```
Ф Д Ф Т С А Д І С У І И У Г
Щ В К М Ж Ш Т К Р А Н С Щ Ю
Т Е И Т Ж Є К Л І М І Р Ш Т
О Р Л Ю Ж В У Ю Є М І Т Л А
Ч І И Н Л Є Х Ч Ю Л Н Д У Ш
В Б М И Ш М Н І М Ш Д А А Ш
Ч І О Є Ь Ч Я Е Г С З У Т П
Ш Ь К Б І Б Л І О Т Е К А А
С Т І Н А Д Ь Г Р Е Р А М Р
Ж Г О С О Б И А И Л К М Е К
А Г Ф Р Ч Ф Д Р Щ Я А І Б А
И У Б Е И А Ч А Е Ь Л Н Л Н
Ш Б И И Ш И Ю Ж Х Е О А І Щ
И Є Ф Ф І Т Ц И Ц І І Т И Ц
```

БІБЛІОТЕКА	КАМІН
ПАРКАН	МЕБЛІ
КЛЮЧІ	СТІНА
ДУШ	ДВЕРІ
ШТОРИ	КІМНАТА
КУХНЯ	ГОРИЩЕ
ДЗЕРКАЛО	КИЛИМОК
ГАРАЖ	СТЕЛЯ
ВІКНО	КРАН
САД	МІТЛА

28 - Vegetais

Б	М	О	Р	К	В	А	Г	В	Я	Д	Є	С	Н
Р	Ш	П	Г	Я	К	Т	И	О	Б	Я	Е	Ч	Г
О	А	О	Р	І	А	М	У	С	Р	Р	Л	Е	Б
К	Е	М	И	М	Р	І	П	А	Ц	О	С	И	А
О	С	І	Б	Б	Т	О	Р	Л	Д	Р	Х	Ч	К
Л	Е	Д	И	И	О	Ч	К	А	Х	Ю	С	К	Л
І	Л	О	Е	Р	П	А	Р	Т	И	Ш	О	К	А
Х	Е	Р	В	О	Л	Р	Е	Д	И	С	Щ	О	Ж
И	Р	Ж	Т	Я	Я	Щ	Г	Ц	В	Я	Р	О	А
Ч	А	С	Н	И	К	Г	Р	Ь	И	А	М	Б	Н
Ч	П	П	Е	Т	Р	У	Ш	К	А	Б	Ю	Ь	С
Ш	П	И	Н	А	Т	Ш	А	Л	О	Т	У	К	У
Г	А	Р	Б	У	З	Ю	У	М	Л	Ц	Я	Л	О
У	Я	Ц	А	Ю	Г	Т	Л	Б	Д	П	М	М	Я

ГАРБУЗ	ГРИБ
СЕЛЕРА	ГОРОХ
АРТИШОК	ШПИНАТ
ЧАСНИК	ІМБИР
КАРТОПЛЯ	РІПА
БАКЛАЖАН	ОГІРОК
БРОКОЛІ	РЕДИС
ЦИБУЛЯ	САЛАТ
МОРКВА	ПЕТРУШКА
ШАЛОТ	ПОМІДОР

29 - Exploração

```
В  І  Д  К  Р  И  Т  Т  Я  М  Ш  Х  Ю  В
З  Ю  Ф  Р  Р  П  Г  Ц  В  О  Ч  К  А  И
Д  Б  І  І  Л  Ю  Р  Н  А  В  У  У  М  С
Ф  Ч  У  И  Г  Ч  Т  О  Ґ  А  Ф  Л  Д  Н
Р  Д  Л  Д  Я  Н  Щ  Ч  С  Е  Д  Ь  П  А
Н  І  Ю  Н  Ж  Ч  Б  Т  Ґ  Т  Ю  Т  Т  Ж
Е  Я  Ш  М  Д  Е  Ч  Ґ  У  Д  І  У  В  Е
Б  Л  Я  У  Р  Д  Н  С  Я  А  І  Р  А  Н
Е  Ь  Ж  Ж  Ч  І  С  Н  М  Л  Ґ  И  Р  Н
З  Н  Н  Н  А  І  В  Ц  Я  Е  Н  И  И  Я
П  І  Ю  І  Е  І  С  Т  Ю  К  О  Я  Н  П
Е  С  Р  С  К  Є  Ю  Т  И  И  В  Ч  Ч  П
К  Т  Д  Т  Т  К  Ш  И  Ь  Й  И  Я  Х  Я
И  Ь  Є  Ь  Д  И  К  И  Й  Є  Й  К  Ч  І
```

ТВАРИН
ДІЯЛЬНІСТЬ
МУЖНІСТЬ
КУЛЬТУРИ
ВІДКРИТТЯ
РІШУЧІСТЬ
ДАЛЕКИЙ

ПРОСТІР
ВИСНАЖЕННЯ
ЗБУДЖЕННЯ
МОВА
НОВИЙ
НЕБЕЗПЕКИ
ДИКИЙ

30 - Balé

Т	К	Х	С	Х	Р	Т	Н	М	О	С	Р	А	Х
А	О	Х	О	Є	Ф	Ф	Ю	Н	П	Т	Е	У	Ф
Н	М	У	Л	Р	Б	Щ	Б	Є	Л	И	П	Д	С
Ц	П	Д	О	В	Е	С	Т	Ч	Е	Л	Е	И	И
Ю	О	О	М	Б	И	О	О	Ч	С	Ь	Т	Т	Е
Р	З	Ж	У	А	Н	Т	Г	Ш	К	Ю	И	О	О
И	И	Н	З	Л	П	А	О	Р	И	Х	Ц	Р	Р
С	Т	І	И	Е	О	Ь	В	Н	А	Б	І	І	К
Т	О	Й	К	Р	И	Т	М	И	Ч	Ф	Я	Я	Е
І	Р	Х	А	И	Ж	Е	С	Т	Ч	Е	І	Ф	С
В	Т	Е	Х	Н	І	К	А	У	Ь	К	Н	Я	Т
І	В	И	Р	А	З	Н	И	Й	С	Є	А	И	Р
П	Р	А	К	Т	И	К	А	К	Т	Г	К	Щ	Й
Т	І	Н	Т	Е	Н	С	И	В	Н	І	С	Т	Ь

ОПЛЕСКИ
ХУДОЖНІЙ
БАЛЕРИНА
КОМПОЗИТОР
ХОРЕОГРАФІЯ
ТАНЦЮРИСТІВ
РЕПЕТИЦІЯ
СТИЛЬ
ВИРАЗНИЙ
ЖЕСТ

ВИТОНЧЕНИЙ
НАВИЧКА
ІНТЕНСИВНІСТЬ
МУЗИКА
ОРКЕСТР
ПРАКТИКА
АУДИТОРІЯ
РИТМ
СОЛО
ТЕХНІКА

31 - Adjetivos #1

```
В И Я Ч П Т В Ц Т Л Щ Т Х П
Т Е М Н И Й А П О К Е А С О
Д Х Л Г Т К Ж Р Н Я Д Є У В
Л Ш В И Г Х К И К Е Р М Н І
С Ж Ц Ґ К У И В И К И Н С Л
Х У Ш Ю Ш И Й А Й З Й И Е Ь
У В Ч Ґ Ю Г Й Б Г О І Ч Р Н
Д А Е А Б С О Л Ю Т Н И Й И
О Ж С Р С Х Ч И Ю И У Й О Й
Ж Л Н Ф Б Н Ч В Л Ч О С З В
Н И И Б О Ш И И Н Н Д И Н К
І В Й Ц Ш Ж Є Й Ж І Т Ф И Г
Й И Л В Е Л И Ч Е З Н И Й О
С Й Т Р Д І Д Е А Л Ь Н И Й
```

АБСОЛЮТНИЙ	ЧЕСНИЙ
ХУДОЖНІЙ	ВАЖЛИВИЙ
ПРИВАБЛИВИЙ	ПОВІЛЬНИЙ
ВЕЛИЧЕЗНИЙ	ТАЄМНИЧИЙ
ТЕМНИЙ	СУЧАСНИЙ
ЕКЗОТИЧНІ	ІДЕАЛЬНИЙ
ТОНКИЙ	ВАЖКИЙ
ЩЕДРИЙ	СЕРЙОЗНИЙ
ВЕЛИКИЙ	

32 - Insetos

```
Ц П У Л Б Т А Ю Д Б К Щ Є Х
Щ У В П И І Е Ш Л Д О С А Р
Щ К Д О Т Ч Ц Р Щ Ч М Р Ж О
Б М Е Т Е Л И К М К А Б О Б
Д О Ф Ю Л Ф К Н К І Р Ж О А
Ж Я Г С Щ И А Е К Ю Т У М К
О Ж Г О С Б Д І О А А К У Ч
Л Ф Д Н М Л А Ь Н О Р Ж Р Н
А А Д Е Д О Ж Ь И Ф Г Ф А Д
Ж У Д Ч Е Х Л Л К С А О Х Х
Я Р О К Б А Б К А Н Н Р А В
Ц Л П О П Е Л И Ц Я С Д Ж Д
В Ж Ь Щ У О Т Я Ф Г А К Н Ц
Р Д Ж Я Я Х Н Є Є Ш Ґ У У Х
```

БДЖОЛА	ЛИЧИНКА
ТАРГАН	БАБКА
ЖУК	БОГОМОЛ
МЕТЕЛИК	ХРОБАК
ЦИКАДА	КОМАР
ТЕРМІТ	БЛОХА
МУРАХА	ПОПЕЛИЦЯ
КОНИК	ОСА
СОНЕЧКО	

33 - Paisagens

```
О  З  А  О  С  І  К  І  П  П  П  Т  В  В
К  З  А  С  О  І  І  С  Е  Л  І  У  У  О
Е  Г  Е  Т  Р  Ю  Х  О  Ч  Я  В  Н  Л  Д
А  Б  Ф  Р  О  І  О  Е  Е  Ж  О  Д  К  О
Н  В  Ф  І  О  К  Ч  Б  Р  О  С  Р  А  С
Ш  Б  Є  В  Щ  І  А  К  А  А  Т  А  Н  П
Я  О  П  А  Г  О  Р  Б  А  З  Р  П  Н  А
Г  Л  Т  С  Х  Я  Б  Г  Н  И  І  Г  Н  Д
М  О  Р  Е  В  Ж  Ш  І  Ґ  С  В  Т  Ю  О
В  Т  Л  Ь  О  Д  О  В  И  К  Х  Д  Ф  Л
У  О  П  Ю  Р  П  У  С  Т  Е  Л  Я  Ш  И
Г  К  Б  К  Д  Н  Ш  Р  В  Ф  Ґ  И  Ш  Н
А  Й  С  Б  Е  Р  Г  О  Р  А  Т  С  Г  А
М  Г  В  Ю  Л  И  Ш  Ш  С  П  Т  М  П  Ш
```

ВОДОСПАД	ГОРА
ПЕЧЕРА	ОАЗИС
ПАГОРБ	ОКЕАН
ПУСТЕЛЯ	БОЛОТО
ЛЬОДОВИК	ПІВОСТРІВ
ЗАТОКА	ПЛЯЖ
АЙСБЕРГ	РІЧКА
ОСТРІВ	ТУНДРА
ОЗЕРО	ДОЛИНА
МОРЕ	ВУЛКАН

34 - Dança

```
Л М Б У Р У Н Е Р К Х Л Т К
І Е Ф А Г Щ Є Т У У О Х Д У
Р Г Т К С Ж Е І Х Л Р Я Г Л
А Е Ш А М К М Л Ш Ь Е К Н Ь
Д Р П Д И М О О Н Т О Ч С Т
І И А Е С У Ц Т Ш У Г Б Л У
С Т Р М Т З І І О Р Р Л В Р
Н М Т І Е И Я Т Ш А А А И Н
И Ш Н Я Ц К Ц Ч У Ф Ф Г Р И
Й Щ Е І Т А Є І Ь К І О А Й
У Я Р Ч В П К Ф Я Л Я Д З С
К Н Д П О С Т А В А Н А Н Д
Т Р А Д И Ц І Й Н И Й Т И Ж
Л К Л А С И Ч Н И Й Щ Ь Й Р
```

АКАДЕМІЯ	РЕПЕТИЦІЯ
РАДІСНИЙ	ВИРАЗНИЙ
МИСТЕЦТВО	БЛАГОДАТЬ
КЛАСИЧНИЙ	РУХ
ХОРЕОГРАФІЯ	МУЗИКА
ТІЛО	ПАРТНЕР
КУЛЬТУРА	ПОСТАВА
КУЛЬТУРНИЙ	РИТМ
ЕМОЦІЯ	ТРАДИЦІЙНИЙ

35 - Nutrição

Г	Т	Р	А	В	Л	Е	Н	Н	Я	К	У	П	С
І	Е	К	А	Л	О	Р	І	Й	Р	Ю	Ф	О	Г
Р	І	Д	И	Н	И	Л	Ц	К	О	Л	Ш	Ж	Г
К	З	Б	А	Л	А	Н	С	О	В	А	Н	И	Й
И	Д	Є	В	Я	С	О	У	С	А	З	В	В	Б
Й	І	І	Щ	І	О	А	Щ	З	Г	Д	У	Н	Р
У	К	В	Є	Л	О	Р	А	Д	А	О	Г	И	О
Я	К	І	С	Т	Ь	О	П	О	Б	Р	Л	Й	Д
Е	Ф	Т	Ш	О	А	М	Е	Р	І	О	Е	Д	І
К	О	А	Л	К	Ф	А	Т	О	Л	В	В	П	Н
В	Ш	М	Ф	С	А	Т	И	В	К	И	О	Ч	Н
Х	Я	І	Ц	И	Ґ	Є	Т	Я	И	Й	Д	І	Я
О	П	Н	Р	Н	Ш	П	У	Ь	Р	Ш	І	Ф	Ц
Ї	С	Т	І	В	Н	И	Й	І	М	Ь	В	А	О

ГІРКИЙ
АПЕТИТ
КАЛОРІЙ
ВУГЛЕВОДІВ
ЇСТІВНИЙ
ДІЄТА
ТРАВЛЕННЯ
ЗБАЛАНСОВАНИЙ
БРОДІННЯ
РІДИНИ

СОУС
ПОЖИВНИЙ
ВАГА
БІЛКИ
ЯКІСТЬ
АРОМАТ
ЗДОРОВИЙ
ЗДОРОВ'Я
ТОКСИН
ВІТАМІН

36 - Disciplinas Científicas

```
Н М Е Т Е О Р О Л О Г І Я П
К Т М І Н Е Р А Л О Г І Я С
П Н Е В Р О Л О Г І Я И І И
Е Х Х Р Р П Ф И Д Г Ю Ф Ц Х
Б К С Ц М А Н А Т О М І Я О
Е Ґ О Б І О Х І М І Я З М Л
І Ю Ц Л Я Г Д Ю Є Л Ґ І К О
Г Х І Ґ О Ш И И П Х Д О Ш Г
Б І О Л О Г І Я Н Ф Ц Л Ф І
Ю М Л Т Б Ч І Ю Ч А Є О Щ Я
Ю І О Ф Ю Я Х Я А П М Г Р С
Щ Я Г Б О Т А Н І К А І Ч Л
У Х І М У Н О Л О Г І Я К Ь
Ґ Ф Я А Р Х Е О Л О Г І Я А
```

АНАТОМІЯ	МЕТЕОРОЛОГІЯ
АРХЕОЛОГІЯ	МІНЕРАЛОГІЯ
БІОЛОГІЯ	НЕВРОЛОГІЯ
БІОХІМІЯ	ПСИХОЛОГІЯ
БОТАНІКА	ХІМІЯ
ЕКОЛОГІЯ	СОЦІОЛОГІЯ
ФІЗІОЛОГІЯ	ТЕРМОДИНАМІКА
ІМУНОЛОГІЯ	

37 - Meditação

```
Ю  І  Є  О  М  И  Р  Р  Д  І  Б  Х  П  А
Ч  В  Ш  П  Ю  И  У  Х  О  Д  Л  Ю  Е  Я
Р  І  Є  Л  Д  Щ  Х  Ф  Б  З  І  В  Р  С
Щ  О  Я  Н  Л  Н  Д  Ш  Р  Т  У  Е  С  Н
Б  Т  З  Д  У  М  К  И  О  И  Р  М  П  І
С  Ж  Е  У  С  Р  К  Г  Т  Ш  Є  О  Е  С
У  В  Ґ  С  М  Ц  Х  Я  А  А  И  Ц  К  Т
У  В  А  Г  А  О  Л  Д  П  У  В  І  Т  Ь
Л  Ь  Б  Г  В  Ф  В  К  Ш  А  Ч  Ї  И  М
П  Р  И  Р  О  Д  А  И  В  У  Е  Ь  В  У
П  О  С  Т  А  В  А  Е  Й  Г  Н  Ч  А  З
С  П  О  С  Т  Е  Р  Е  Ж  Е  Н  Н  Я  И
П  Р  О  К  И  Н  У  Т  И  С  Я  Т  Г  К
Ч  А  П  О  Д  Я  К  А  Х  Б  Д  І  П  А
```

ПРОКИНУТИСЯ	РУХ
УВАГА	МУЗИКА
ДОБРОТА	ПРИРОДА
ЯСНІСТЬ	СПОСТЕРЕЖЕННЯ
ЕМОЦІЇ	МИР
ВЧЕННЯ	ДУМКИ
ПОДЯКА	ПЕРСПЕКТИВА
РОЗУМОВИЙ	ПОСТАВА
РОЗУМ	ТИША

38 - Artes Visuais

```
Г Т Є Ц С К У Л Ь П Т У Р А
Т Л Б У Ц Б Ф Т Т А Х Р Ґ Р
В Ф И Щ М Ц О Л І В Е Ц Ь Х
О П І Н Ч Ь Т Х І Ь К П И І
Р Ф Л Л А К О Ж Ц Д Е О Х Т
Ч Ю І И Ь К Г Ш Є Р Р У Е
І Ш А М И М Р У Ч К А Т Д К
С Е М Ж О Ч А Е Е У М Р О Т
Т Д В І С К Ф У Й С І Е Ж У
Ь Е Е Є М Т І П Щ Д К Т Н Р
Ж В Ф У І Я Я М У Р А Ч И А
Ґ Р Т Р А Ф А Р Е Т Б А К С
С К Л А Д М О Л Ь Б Е Р Т Є
Н П Е Р С П Е К Т И В А Ц Ц
```

ГЛИНА
АРХІТЕКТУРА
ХУДОЖНИК
РУЧКА
МОЛЬБЕРТ
ВІСК
КЕРАМІКА
СКЛАД
ТВОРЧІСТЬ
СКУЛЬПТУРА

ТРАФАРЕТ
ФІЛЬМ
ФОТОГРАФІЯ
КРЕЙДА
ОЛІВЕЦЬ
ШЕДЕВР
ПЕРСПЕКТИВА
ПОРТРЕТ
ЛАК

39 - Instrumentos Musicais

```
С Р Е О Т Щ Л Ж Ґ Ц Ф Е А М
Ж К Т Ц Ь Ю Р Щ К Г О У Ь А
Б Г Р М Ц Ц А Р Ф А Р Д К Н
Ж О У И Г О Н Г Л Т Т А Л Д
П М Б Г П Ю П О Е Р Е Р А О
П І А А П К Т Б Й О П С Р Л
Я Л Р Р Р А А О Т М І А Н І
Г К Ж М Б А Ш Й А Б А К Е Н
І И Л О Ф А Б У Б О Н С Т А
Т Ш Б Н О И Н А У Н О О Ь Є
А Ж Щ І Е Я Є Д Н И А Ф Ш Г
Р Є Я К Ф Я М Б Ж М Ц О Б Л
А І Г А Ф А Г О Т О Р Н Д К
І В І О Л О Н Ч Е Л Ь М Ь О
```

МАНДОЛІНА	БУБОН
БАНДЖО	УДАР
ГОМІЛКИ	ФОРТЕПІАНО
КЛАРНЕТ	САКСОФОН
ФАГОТ	БАРАБАН
ФЛЕЙТА	ТРОМБОН
ГАРМОНІКА	ТРУБА
ГОНГ	ГІТАРА
АРФА	СКРИПКА
ГОБОЙ	ВІОЛОНЧЕЛЬ

40 - Escola #1

```
Ч М Ш Ш Ш К Ц В Я К Б У В Ґ
В Ш Є М П А П І Р Х Н Н Н Ю
Р Т Д Ж Ц Г Ч С Н Б Н И В В
К Д Ч Т Л Р Т П А П К И Г Ч
М А Т Е М А Т И К А А К Т И
К Р І С Л О О Т К Е Л Ь Я Т
Я С Л Ґ Є Ь Т И И Ь Ф П Л Е
Д Б І Б Л І О Т Е К А В Ф Л
Н Р Ж У Б Ю Р О Л І В Е Ц Ь
Р У У А Г Я П Щ Б Х І Р Ф Є
Б Ч Ж З Є Ь Н Щ Ж І Т Ф Г Н
Ш К С В І Д П О В І Д І В Д
П И М А Р К Е Р И У Х Р Ь Р
В І Г И Ь Ч Є І У Л П Ш Н Д
```

АЛФАВІТ	КНИГИ
ОБІД	МАРКЕРИ
ДРУЗІ	МАТЕМАТИКА
БІБЛІОТЕКА	БЮРО
КРІСЛО	ПАПІР
РУЧКИ	ПАПКИ
ІСПИТИ	ВЧИТЕЛЬ
ОЛІВЕЦЬ	ВІДПОВІДІ

41 - Adjetivos #2

```
Х  Д  Г  С  О  С  О  Л  О  Н  И  Й  Я  Ю
Т  І  А  С  П  П  Л  Г  М  Н  Ч  Т  Ч  В
Г  З  Р  И  И  Р  О  Т  О  В  С  Т  И  Й
О  Д  Я  Л  С  И  А  Н  Щ  Р  Ч  Т  С  Я
Б  О  Ч  Ь  О  Р  Г  В  П  К  Д  Л  Т  П
Д  Р  Е  Н  В  О  Т  Є  Ж  Ш  Б  И  И  Т
А  О  О  И  И  Д  Ж  В  Ц  Н  Д  І  Й  Т
Р  В  М  Й  Й  Н  Ц  Ж  І  К  І  А  Ч  В
О  И  Г  Д  Ж  И  Я  П  П  Д  Ч  М  Ш  О
В  Й  П  Д  Х  Й  Ж  И  Ц  М  О  И  Ж  Р
А  Е  Л  Е  Г  А  Н  Т  Н  И  Й  М  Ш  Ч
Н  О  В  И  Й  С  У  Х  И  Й  А  М  И  И
И  М  П  Р  О  Д  У  К  Т  И  В  Н  И  Й
Й  Н  О  Р  М  А  Л  Ь  Н  И  Й  И  Я  Б
```

СПРАВЖНІМ	НОРМАЛЬНИЙ
ТВОРЧИЙ	НОВИЙ
ОПИСОВИЙ	ГОРДИЙ
ОБДАРОВАНИЙ	ПРОДУКТИВНИЙ
ЕЛЕГАНТНИЙ	ЧИСТИЙ
ВІДОМИЙ	ГАРЯЧЕ
СИЛЬНИЙ	СОЛОНИЙ
ТОВСТИЙ	ЗДОРОВИЙ
ПРИРОДНИЙ	СУХИЙ

42 - Roupas

```
І Ж Є С Р И Б Ц Н Д Ф Т С Ш
В Ж Р В І Ґ Л П І Ж А М А Т
Г М І Е Ч Х У Р Р И Р А Н А
К У Р Т К А З Р В Н Т Є Д Н
Д Н Л Р Ф К К Ґ Ц С У Д А И
Ю Ч Г Е Ж Н А Ф Н И Х К Л Е
Ч Б Р А С Л Е Т И Х Г Я І К
Ч Ц П М Н А М И С Т О Е И А
И П С О Р О Ч К А Ь Щ О С П
Д Р П Д Я П А Л Ь Т О Г П Е
Ґ В П А Г С П І Д Н И Ц Я Л
Ш К А Р П Е Т К И К Н Ґ І Ю
П Л А Т Т Я В З У Т Т Я Н Х
Р У К А В И Ч К И О І Т Н Н
```

ФАРТУХ	РУКАВИЧКИ
БЛУЗКА	ШКАРПЕТКИ
ШТАНИ	МОДА
СОРОЧКА	ПІЖАМА
ПАЛЬТО	БРАСЛЕТ
КАПЕЛЮХ	СПІДНИЦЯ
ПОЯС	САНДАЛІ
НАМИСТО	ВЗУТТЯ
КУРТКА	СВЕТР
ДЖИНСИ	ПЛАТТЯ

43 - Herbalismo

```
І  Л  Ю  Ґ  Ф  В  И  Г  І  Д  Н  И  Й  Н
Р  Н  Х  Т  Ю  Е  К  О  Р  І  А  Н  Д  Р
Н  О  Г  Х  Ь  Ч  Н  К  Ю  Ю  Ф  Л  В  Н
П  С  Г  Р  Ь  Б  Ь  Х  В  А  С  И  Л  Ь
Ж  Г  С  Р  Е  И  О  Ж  Е  І  И  Ґ  Г  Ь
М  Щ  Ґ  Щ  Л  Д  Ж  Б  Ч  Л  Т  Ь  П  П
Х  І  Ц  Б  К  У  І  Я  А  О  Ь  К  Д  Л
М  А  Й  О  Р  А  Н  Є  С  Ш  Я  Б  А  А
Е  С  Т  Р  А  Г  О  Н  Н  П  К  Д  Р  В
Ш  А  Ф  Р  А  Н  Б  Г  И  Т  І  Д  О  А
Е  Д  В  Д  Ґ  О  Х  М  К  Б  С  Г  М  Н
Ь  Ч  Е  Б  Р  Е  Ц  Ь  В  С  Т  Т  А  Д
П  Е  Т  Р  У  Ш  К  А  Е  Ч  Ь  Д  Т  А
С  А  Р  О  М  А  Т  И  Ч  Н  И  Й  Ф  Д
```

ШАФРАН	САД
ЧАСНИК	ЛАВАНДА
АРОМАТИЧНИЙ	ВАСИЛЬ
ВИГІДНИЙ	МАЙОРАН
КОРІАНДР	ЯКІСТЬ
ЕСТРАГОН	АРОМАТ
КВІТКА	ПЕТРУШКА
ФЕНХЕЛЬ	ЧЕБРЕЦЬ
ІНГРЕДІЄНТ	

44 - Férias #1

```
В  А  Л  К  Г  І  Т  М  А  І  П  Л  М  Р
А  В  Н  І  Ц  Я  І  У  А  К  А  Ц  А  О
Л  Т  Г  Т  Т  П  Ь  З  І  К  Р  Р  Р  З
І  О  Ф  К  Е  А  Ґ  Е  Ц  Щ  А  С  Ш  С
З  М  Т  С  К  Ь  К  Й  К  П  С  Д  Р  Л
А  О  Р  Б  С  Р  Ж  Ж  В  Ґ  О  У  У  А
М  Б  А  Д  П  Х  Ю  И  Є  Ч  Л  О  Т  Б
И  І  М  Р  Е  Ь  Г  К  М  Т  Ь  З  У  Л
Т  Л  В  Г  Д  А  А  В  З  В  К  Е  Р  Е
Н  Ь  А  О  И  Ґ  Г  И  П  А  А  Р  И  Н
И  Ц  Й  Л  Ц  І  У  Т  Ц  Л  К  О  С  Н
Ц  Ч  Є  Д  І  С  Ш  О  Д  Ю  Ж  Г  Т  Я
Я  В  Ф  К  Я  В  Ь  К  Н  Т  Ю  И  Щ  Ч
Х  Я  О  Щ  Ч  Ш  Ф  Ф  Д  А  Ь  А  М  Ц
```

MИТНИЦЯ
ЛІТАК
КВИТОК
ТРАМВАЙ
АВТОМОБІЛЬ
ЕКСПЕДИЦІЯ
ПАРАСОЛЬКА
МАРШРУТ

ОЗЕРО
ВАЛІЗА
РЮКЗАК
ВАЛЮТА
МУЗЕЙ
РОЗСЛАБЛЕННЯ
ТУРИСТ

45 - Frutas

```
К О Ж И Н А Х Р П Т А Я А Ц
У И Р Т Щ І Ж Ф Т Т Ж А Б Ь
Ю Р Б А Н А Н К Ч Я І Щ Р Ґ
І А Є Н Н К Щ К О О Щ У И Г
Ш В Т А Ж Ж П Ґ Х К Ф Щ К Р
В И Ш Н Я Ж Е Ф І Г О Щ О У
Є І М А Н Г О В Ж Я Ф С С Ш
М Є С С К І В І И О Г Т Х А
А І М М К П А П А Й Я О Ц І
Л Д Ч К А В О К А Д О Е Д В
И Р Щ Я Л И М О Н Б Б В О А
Н Е К Т А Р И Н Ф Ф Б Д Л Ь
А Д Я Ґ О Л М У Я Б Л У К О
П Е Р С И К В И Н О Г Р А Д
```

АВОКАДО	КІВІ
АНАНАС	ОРАНЖЕВИЙ
ОЖИНА	ЛИМОН
ЯГОДА	ЯБЛУКО
БАНАН	ПАПАЙЯ
ВИШНЯ	МАНГО
КОКОС	НЕКТАРИН
АБРИКОС	ГРУША
ФІГ	ПЕРСИК
МАЛИНА	ВИНОГРАД

46 - Corpo Humano

```
Щ И К О Л О Т К И М О З О К
П І Д Б О Р І Д Д Я К Д Ф Р
Ш Ш Я Б М У Ю Ш І Ґ О Т С О
Н К Б Н Є К Ш И Я Т Ч Ю Е В
І О Ю К Ж А Р Б Н О Ч Ц Р Щ
С Л Г Ґ І С Ь К Д Е Ю Н Ц Е
Л І О А И Л К П Л Е Ч Е Е Л
Ю Н Л І К О Т Ь О Д Ф Д Ц Е
У А О Ь С О П Е Б С М С Ч П
Б С В Ц І К В Я М Ш А Є У А
С К А Г Ю Ь Т У П А Л Е Ц Ь
О Р И Р Х Ш Б В Х Є Ш К М Ш
Ж Є Є Ч О Ц Н Щ Б О Ц Х С П
Е К Я Ч А Т Х Ф Ш К І Р А Ж
```

РОТ	ОКО
ГОЛОВА	ПЛЕЧЕ
МОЗОК	ВУХО
СЕРЦЕ	ШКІРА
ЛІКОТЬ	НОГА
ПАЛЕЦЬ	ШИЯ
КОЛІНА	ПІДБОРІДДЯ
ЩЕЛЕПА	КРОВ
РУКА	ЛОБ
НІС	ЩИКОЛОТКИ

47 - Restaurante #1

```
У Ч С О І Ж Р І Р К Ф У К Ж
Щ Г С Е Д Ж К Я Ю Х У Ф П И
Я С В Ш Т Х Ц Ж Ґ Л Н Х Ь М
К У Р К А Л Е Р Г І Я Ж Н Т
М А Ю О Ґ Ф Д Б Ю Б П А М Я
Я Н В І Н Г Р Е Д І Є Н Т И
С К Ч А Ш А М В С Ч Ю Г С Д
О К А С И Р Ґ Д Ч Е Я О Е Т
М Е Н Ю С О У С Щ В Р С Р А
Ч М С Щ С П Ж Ф Т Ж Ґ Т В Р
Ю Ь Ш Н І Ж Л Ґ Н В Ь Р Е І
О Ф І Ц І А Н Т К А Б И Т Л
Б Р О Н Ю В А Н Н Я Х Й К К
А Г Ж Н Ш Ь Ґ С Ь Ц Ч Е А А
```

АЛЕРГІЯ	ІНГРЕДІЄНТИ
КАВА	МЕНЮ
КАСИР	СОУС
М'ЯСО	ХЛІБ
КУХНЯ	ГОСТРИЙ
НІЖ	ТАРІЛКА
КУРКА	БРОНЮВАННЯ
ОФІЦІАНТКА	ДЕСЕРТ
СЕРВЕТКА	ЧАША

48 - Caminhada

Р	П	І	Д	Г	О	Т	О	В	К	А	І	Ц	Д
О	А	Н	О	О	П	С	В	О	Д	А	Ґ	Ґ	И
К	Р	Е	Р	Р	О	К	А	М	Е	Н	І	К
Л	К	Б	І	А	И	Н	І	Е	Р	П	Щ	Н	И
І	И	Е	Є	Ь	Р	Ц	К	Х	М	И	Ь	В	Й
М	Р	З	Н	В	О	Е	Х	А	Ґ	П	Н	Щ	У
А	Ю	П	Т	Ґ	Д	Б	Т	Р	Ф	О	І	М	Б
Т	Я	Е	А	С	А	М	І	Т	В	В	М	Н	С
С	А	К	Ц	Є	Ш	Ш	Ґ	Ч	Я	А	К	І	Г
К	Е	И	І	М	Ф	Ж	А	О	О	Ж	Х	Х	Ж
А	Ґ	В	Я	Ю	К	Ц	Д	Б	Ю	К	Ц	К	Ф
Р	Б	О	Я	О	А	В	Т	О	М	И	В	С	Я
Т	Є	Р	Ґ	Ю	Н	Ф	Ґ	Т	Х	Й	Г	У	В
А	П	О	Г	О	Д	А	Т	И	А	Б	К	Ґ	Ц

KEMПІНГ   ОРІЄНТАЦІЯ
ТВАРИН   ПАРКИ
ВОДА   КАМЕНІ
ЧОБОТИ   НЕБЕЗПЕКИ
ВТОМИВСЯ   ВАЖКИЙ
КЛІМАТ   ПІДГОТОВКА
САМІТ   ДИКИЙ
КАРТА   СОНЦЕ
ГОРА   ПОГОДА
ПРИРОДА

49 - Água

```
Р  П  В  О  Л  О  Г  І  С  Т  Ь  Х  В  М
О  Ц  Т  Ц  Б  В  Ь  Е  Н  Х  Є  В  И  Щ
В  К  Щ  Х  Л  Ц  У  Ґ  Й  Х  Р  И  П  У
К  Є  Л  Е  З  І  И  Ш  С  З  Ф  Л  А  Х
Ґ  Е  Ц  Е  Р  Т  Р  Л  Н  Е  Е  І  Р  У
В  Х  І  Ш  О  П  О  В  І  Н  Ь  Р  О  Н
К  Г  Д  У  Ш  И  З  Р  Г  Д  Р  Р  В  Щ
Ґ  Е  Ч  Р  Е  Т  Е  Ц  Ж  О  Є  І  У  Т
М  У  С  О  Н  Н  Р  М  Г  Щ  Т  Ч  В  О
О  Б  Р  К  Н  И  О  А  І  П  І  К  А  Щ
Р  Е  Ф  А  Я  Й  О  К  Е  А  Н  А  Н  О
О  О  Ш  Н  Г  Н  Д  М  Ґ  Р  Г  Д  Н  Л
З  О  У  А  Х  А  Б  О  У  А  І  И  Я  Ч
О  Г  Д  Л  Я  Є  Н  Р  І  К  Б  В  Л  М
```

КАНАЛ	ОЗЕРО
ДОЩ	МУСОН
ДУШ	СНІГ
ВИПАРОВУВАННЯ	ОКЕАН
УРАГАН	ХВИЛІ
МОРОЗ	ПИТНИЙ
ЛІД	РІЧКА
ГЕЙЗЕР	ВОЛОГІСТЬ
ПОВІНЬ	ПАР
ЗРОШЕННЯ	

50 - Ecologia

```
П Ж Ц А Т Я Е С Л В О Ф Г І
Р Р Г М О Р С Ь К И Й А Р Р
И В И Д Ґ М В Є Л Ж Т У О О
Р И Ч Р Г Ч П Е І И К Н М С
О З П Л О А Д Б М В Ґ А А Л
Д Т А О Р Д Ж Р А А Ч Ф Д И
А О А С И С Н С Т Н Р Ц М Н
Е М В Ш У Ч Л И П Н Е Л І И
Ф Л О Р А Х Л Т Й Я С К Б У
Б О Л О Т О А Г О Л У М Ф І
Г Л О Б А Л Ь Н И Й Р У Т Ж
Ґ Н Ґ Ь И Д Г І Е Е С Р І Ґ
В У К П В Р Щ Л П Б И Х Я М
Р О С Л И Н Н І С Т Ь Д М Х
```

КЛІМАТ	ПРИРОДНИЙ
ГРОМАД	ПРИРОДА
ВИД	БОЛОТО
ФАУНА	РОСЛИНИ
ФЛОРА	РЕСУРСИ
ГЛОБАЛЬНИЙ	ЗАСУХА
МОРСЬКИЙ	ВИЖИВАННЯ
ГОРИ	РОСЛИННІСТЬ

51 - Família

```
О  Д  Я  Д  Ь  К  О  Є  Е  Г  Ц  Ю  Ш  Б
М  Н  П  Щ  Х  О  Ґ  И  Р  Ч  О  Ж  И  А
А  Д  У  С  Ф  Ґ  С  Р  Ь  С  Б  Д  Ч  Т
Т  Р  Д  К  У  З  Е  Н  И  І  И  Ю  О  Ь
Е  У  О  П  Ц  Д  С  Ч  У  Ю  І  Ґ  Л  К
Р  Ж  Ч  Р  Д  И  Т  И  Н  С  Т  В  О  І
И  И  К  Е  С  Т  Р  Ц  Б  Р  В  Я  В  В
Н  Н  А  Д  Ц  И  А  Г  А  П  М  Б  І  С
С  А  Л  О  Ю  Н  Ш  Б  Т  В  Ю  А  К  Ь
Ь  К  Ц  К  Е  А  Б  Р  Ь  І  Х  Б  Т  К
К  Д  І  Т  И  Є  Ю  А  К  Л  Х  У  А  И
И  С  Т  І  Т  К  А  Т  О  В  Х  С  Н  Й
Й  П  Л  Е  М  І  Н  Н  И  К  Е  Я  Ф  Т
П  Л  Е  М  І  Н  Н  И  Ц  Я  Ф  Г  Ч  П
```

ПРЕДОК	МАТЕРИНСЬКИЙ
БАБУСЯ	МАТИ
ДИТИНА	ОНУК
ДІТИ	БАТЬКО
ДРУЖИНА	БАТЬКІВСЬКИЙ
ДОЧКА	КУЗЕН
ДИТИНСТВО	ПЛЕМІННИЦЯ
СЕСТРА	ПЛЕМІННИК
БРАТ	ТІТКА
ЧОЛОВІК	ДЯДЬКО

52 - Férias #2

```
Б  С  Х  Д  Т  Е  Ч  Б  В  Н  И  П  О  І
А  Р  І  К  А  Р  Т  А  І  А  Л  А  С  Н
П  Л  Я  Ж  К  Е  А  Щ  З  М  Ю  С  Т  О
О  Р  А  П  С  С  И  Н  А  Е  В  П  Р  З
Д  В  И  Ш  І  Т  У  Л  С  Т  Ю  О  І  Е
О  А  Ц  З  М  О  Р  Е  И  П  Г  Р  В  М
Р  Ю  Е  И  Н  Р  Г  О  Р  И  О  Т  Ш  Е
О  П  В  Р  Ж  А  М  Л  П  П  Т  Р  М  Ц
Ж  И  Л  Е  О  Н  Ч  Е  О  Ф  Е  Ж  Т  Ь
В  Е  П  Е  Ґ  П  У  Е  Ш  К  Л  Т  Р  Ф
С  В  Я  Т  О  Е  О  Р  Н  Р  Ь  А  Е  О
Р  Б  К  Ж  Ь  Х  И  Р  У  Н  Д  Б  М  Т
Д  О  З  В  І  Л  Л  Я  Т  Л  Я  Ч  Р  О
Е  Б  Р  О  Н  Ю  В  А  Н  Н  Я  М  Я  Є
```

АЕРОПОРТ	ГОРИ
ПРИЗНАЧЕННЯ	ПАСПОРТ
ІНОЗЕМЕЦЬ	ПЛЯЖ
СВЯТО	БРОНЮВАННЯ
ФОТО	РЕСТОРАН
ГОТЕЛЬ	ТАКСІ
ОСТРІВ	НАМЕТ
ДОЗВІЛЛЯ	ТРАНСПОРТ
КАРТА	ПОДОРОЖ
МОРЕ	ВІЗА

53 - Edifícios

```
Л Б Д Ф С Ш Ь Я И Я О М В Щ
А Н П А У Г Ю Ш С П Б Е Л Б
Б Л Щ Б П О С О Л Ь С Т В О
О Е И Р Е Т В И К Т Е М Ф У
Р Ґ Ш И Р Е Ю Є Н Ч Р У Е Н
А С К К М Л К І Н О В З Р І
Т Т О А А Ь В Р Д Л А Е М В
О А Л Ш Р Ч А О Щ І Т Й А Е
Р Д А Ч К У Р Є Ц К О Н Я Р
І І Ь Т Е А Т Р С А Р А Й С
Я О Я Ж Т И И П И Р І М Д И
І Н В Е Ж А Р Ш К Н Я Е Ю Т
З А М О К Ю А К А Я Д Т Б Е
Г А Р А Ж Ч Е Л Б У Ф П Щ Т
```

КВАРТИРА	ЛІКАРНЯ
ЗАМОК	ГОТЕЛЬ
САРАЙ	ЛАБОРАТОРІЯ
КІНО	МУЗЕЙ
ПОСОЛЬСТВО	ОБСЕРВАТОРІЯ
ШКОЛА	СУПЕРМАРКЕТ
СТАДІОН	ТЕАТР
ФЕРМА	НАМЕТ
ФАБРИКА	ВЕЖА
ГАРАЖ	УНІВЕРСИТЕТ

54 - Praia

С	И	У	У	І	Я	П	Ш	Ю	Д	Л	Я	Н	Р
В	Ж	Ш	З	О	О	А	Ч	Ґ	И	Ь	Г	Ф	У
Р	И	Н	Б	Т	Ш	Р	О	Ш	И	М	У	Ш
Ч	О	В	Е	Н	М	А	В	Ц	Р	С	Е	Ю	Н
Ґ	Ц	К	Р	И	О	С	І	У	Ґ	И	Ж	Ю	И
Ш	Ш	С	Е	М	Р	О	Т	Е	П	Н	Ф	К	К
Ь	У	Ф	Ж	А	Е	Л	Р	Р	І	І	Я	А	Р
Я	Н	Ж	Ж	Х	Н	Ь	И	Д	С	Й	Л	Л	М
Д	Р	Ц	Я	Х	Є	К	Л	С	О	М	М	А	Х
О	С	Т	Р	І	В	А	Ь	О	К	О	К	Г	Г
К	Р	А	Б	Ч	Ь	И	Н	Н	Д	Ф	Х	У	Щ
С	А	Н	Д	А	Л	І	И	Ц	Є	М	М	Н	И
Щ	Ф	Ж	В	І	Ж	В	К	Е	Ч	В	У	А	Ш
Ж	И	К	Ь	Ч	К	Ґ	Щ	Г	Ц	Г	П	О	Є

ПІСОК
СИНІЙ
ЧОВЕН
КРАБ
УЗБЕРЕЖЖЯ
ДОК
ПАРАСОЛЬКА
ОСТРІВ

ЛАГУНА
МОРЕ
ОКЕАН
РИФ
САНДАЛІ
СОНЦЕ
РУШНИК
ВІТРИЛЬНИК

55 - Xadrez

```
С Т Р А Т Е Г І Я А О Н П Ю
Ж Ч Щ М Ц Ґ І С И В Щ П Р Ш
Г П Є Л Ж У Ю Щ И Ю П С А Ф
К О Р О Л Е В А И Т Ц М В У
К У Ж П Р О Б Л Е М И Ч И Л
У О Е Т У Р Н І Р Е С Е Л Г
Ж К Р И Р М Ч Є Л С Д М А У
Б О Т О И Ч О Р Н И Й П Щ Б
М Н В О Л Ж Г Ф М І Й І И Ь
Ю К У Г Ф Ь Ш Н Є Т К О Щ Ч
Л У В Ь А Т О П О Н Е Н Т А
Г Р А В Е Ц Ь М К Г Ь В Г С
И С Т Д І А Г О Н А Л Ь Р П
Ц С И Д П А С И В Н И Й А Е
```

BІЛИЙ
ЧЕМПІОН
КОНКУРС
ПРОБЛЕМИ
ДІАГОНАЛЬ
СТРАТЕГІЯ
ГРАВЕЦЬ
ГРА
ОПОНЕНТ

ПАСИВНИЙ
ЧОРНИЙ
КОРОЛЕВА
ПРАВИЛА
КОРОЛЬ
ЖЕРТВУВАТИ
ЧАС
ТУРНІР

56 - Aventura

```
Д П М Д Р У З І Т Ф Є М Н А
Н І Р А Б Е З П Е К А О Е Д
Е Е Я О Р Я Б Л И Н Ь Ж З Ж
Б К П Л Б Ш А Н С О Х Л В Ь
Е С Р Т Ь Л Р Ж Ь В О И И П
З К И Р Е Н Е У Р И Р В Ч І
П У З У Н А І М Т Й О І А Д
Е Р Н Д Т В Т С И Я Б С Й Г
Ч С А Н У І Н К Т Л Р Т Н О
Н І Ч І З Г Т Р Я Ь І Ь І Т
И Я Е С І А Р А Д І С Т Ь О
Й Д Н Т А Ц С С Н Ц Т Х Ь В
Е Ц Н Ь З І И А В Г Ь Н Б К
И Ь Я Ф М Я П Р И Р О Д А А
```

РАДІСТЬ	ЕКСКУРСІЯ
ДРУЗІ	НЕЗВИЧАЙНІ
ДІЯЛЬНІСТЬ	МАРШРУТ
КРАСА	ПРИРОДА
ХОРОБРІСТЬ	НАВІГАЦІЯ
ШАНС	НОВИЙ
ПРОБЛЕМИ	МОЖЛИВІСТЬ
ПРИЗНАЧЕННЯ	НЕБЕЗПЕЧНИЙ
ТРУДНІСТЬ	ПІДГОТОВКА
ЕНТУЗІАЗМ	БЕЗПЕКА

57 - Surf

```
Х Ю О Н М А Г У Ф Д І Б Н М
В Ц О Ю А С Т Ч Е М П І О Н
И Р И Ф Ш Т Ґ Ц Ж Є Р С В Д
Л Г О Я О И О Ш П І Н А А Ц
Я Ф А А Р Л К В О Ч Ч А Ч Т
Є О С Л Е Ь Е И П Я П Ґ О Ґ
У І Н У Р К А Д У Ю Ф В К Х
Ц Б Є Х М Я Н К Л П П Л Я Ж
К Т Б С Я Є У І Я О Ф К Д Ю
М К Ф Б И М Х С Р Г І Г Ж І
Г Ч Е С У Л В Т Н О Н Ґ Щ В
Ш Л У Н О К А Ь И Д Д Ф Ж Д
І Х Ч Ж І Д Т Є Й А Ш У Є Р
С П О Р Т С М Е Н Д І А Ш И
```

СПОРТСМЕН	ХВИЛЯ
ЧЕМПІОН	ПОПУЛЯРНИЙ
ПІНА	ПЛЯЖ
СТИЛЬ	НОВАЧОК
ШЛУНОК	ШВИДКІСТЬ
СИЛА	РИФ
НАТОВП	ПОГОДА
ОКЕАН	

58 - Floresta Tropical

Б	Д	К	О	Р	І	Н	Н	І	Я	Д	Г	З	Б
К	Ш	Х	Т	Е	Є	Т	А	Я	К	Ж	Р	Б	О
П	Т	А	Х	С	П	Р	Г	Є	Ю	У	О	Е	Т
Р	Х	Ю	Г	Т	К	О	М	А	Х	Н	М	Р	А
И	Є	С	М	А	Х	Ю	М	Ц	Ц	Г	А	Е	Н
Т	И	Р	Ю	В	И	М	Р	Е	І	Л	Д	Ж	І
У	П	Р	И	Р	О	Д	А	Д	Н	І	А	Е	Ч
Л	В	И	Д	А	Х	А	П	Р	Н	А	М	Н	Н
О	Ц	И	А	Ц	Ю	К	Т	Ю	И	М	Ж	Н	И
К	Л	К	Л	І	М	А	Т	Є	Й	Ф	О	Я	Й
Є	Л	Ж	К	Я	Р	Є	Д	Г	М	І	В	Х	М
П	О	В	А	Г	А	Є	Н	К	Ч	Б	Ь	Ш	І
В	И	Ж	И	В	А	Н	Н	Я	Т	Р	О	Ф	І	К	Ц	Ґ
С	С	А	В	Ц	І	Д	И	С	Е	Ї	К	Ш	О

АМФІБІЇ	ХМАРИ
БОТАНІЧНИЙ	ПТАХ
КЛІМАТ	ЗБЕРЕЖЕННЯ
ГРОМАДА	ПРИТУЛОК
ВИД	ПОВАГА
КОРІННІ	РЕСТАВРАЦІЯ
КОМАХ	ДЖУНГЛІ
ССАВЦІ	ВИЖИВАННЯ
МОХ	ЦІННИЙ
ПРИРОДА	

59 - Cidade

```
Т Ч Ц Р З О О П А Р К Т Ж Р
Р Я Ю А Є Б Я Ь Щ Р Х Е І Д
В Р Р С Т А Д І О Н Р А Б Р
Є Ч М У К Н Ш К О Л А Т Б Г
И Б Ь П Ф К Щ Ч Л Ц Б Р В О
О І О Е О О М Ь Ш І Ґ Є Е Т
Ф Б Н Р И Н О К А Х Н К Б Е
Ч Л Н М У З Е Й И Ь Ф І С Л
Я І О А Е Р О П О Р Т Н К Ь
Ц О І Р Е С Т О Р А Н О Я А
Ь Т А К И Г А Л Е Р Е Я Н М
Л Е Л Е М С А Л О Н Г Х С Р
П К І Т Х Я Т А П Т Е К А Е
Ж А А П Е К А Р Н Я Д А Н Ч
```

АЕРОПОРТ	ГОТЕЛЬ
БАНК	ЗООПАРК
БІБЛІОТЕКА	РИНОК
КІНО	МУЗЕЙ
КЛІНІКА	ПЕКАРНЯ
ШКОЛА	РЕСТОРАН
СТАДІОН	САЛОН
АПТЕКА	СУПЕРМАРКЕТ
ФЛОРИСТ	ТЕАТР
ГАЛЕРЕЯ	

60 - Matemática

```
П О К А З Н И К Щ Е Е Щ Р Г
С О Б С Я Г Р А Д І У С І Е
Ь Ф Г Ш П Ґ Б Щ К Е Ц И В О
Ж Д Е С Я Т К О В И Й М Н М
П Ю Є Р О Ф Ш О И У Ч Е Я Е
Ж Ь Щ Ю А У Д К Я Я Ю Т Н Т
П Е Р И М Е Т Р К Б Г Р Н Р
Д І А М Е Т Р У П У Р І Я І
Д О С У М А И Г Ц Ш Т Я С Я
М Б А Г А Т О К У Т Н И К П
А Р И Ф М Е Т И К А Д Т Ґ Л
П А Р А Л Е Л Ь Н И Й Г Н О
Т Р И К У Т Н И К А П И Ш Щ
П А Р А Л Е Л О Г Р А М П А
```

АРИФМЕТИКА
КУТИ
ОКРУГ
ДЕСЯТКОВИЙ
ДІАМЕТР
РІВНЯННЯ
СФЕРА
ПОКАЗНИК
ГЕОМЕТРІЯ
ПАРАЛЕЛЬНИЙ

ПАРАЛЕЛОГРАМ
ПЕРИМЕТР
БАГАТОКУТНИК
ПЛОЩА
РАДІУС
СИМЕТРІЯ
СУМА
ТРИКУТНИК
ОБСЯГ

61 - Natureza

```
П Х Р В У П Б Л Є Щ Х И Д Я
В М К Ґ Щ Ж Е Б И У Х Ь І М
Б А Г Л Р Є З Я Щ С У Е Н И
Е Р О З І Я Т Е Р С Т Є А Р
Б И Р Д Ч С У У Т Т Ю Я М Н
Д Х И И К К Р Б М В Г А І О
Ж М Г К А Р Б Р Б А Ш Р Ч К
І Л Х И У А О І Є Р Н К Н П
Л Р Ь Й Д С Т М Т И Я Т И У
Б Ж Х Р К А Н А Є Н П И Й С
І Р С В Я Т И Л И Щ Е Ч У Т
Є Е М Ч У Б Й Б А Ь Л Н Ь Е
Х А І Л Ь О Д О В И К И М Л
П Р И Т У Л О К Є Ч Ж Й Н Я
```

БДЖІЛ	ЛЬОДОВИК
ПРИТУЛОК	ГОРИ
ТВАРИН	ТУМАН
АРКТИЧНИЙ	ХМАРИ
КРАСА	МИРНО
ПУСТЕЛЯ	РІЧКА
ДИНАМІЧНИЙ	СВЯТИЛИЩЕ
ЕРОЗІЯ	ДИКИЙ
ЛІС	БЕЗТУРБОТНИЙ
ЛИСТЯ	

62 - Preencher

Ґ	П	Є	О	Є	С	Т	К	Я	К	Я	К	К
Г	Л	Е	К	Р	О	Ш	О	Д	Щ	Р	П	О	Р
Ь	Я	С	У	М	К	А	Я	П	В	И	Б	Н	М
М	Ш	Т	Б	Г	Ь	Ц	Д	Ф	Ф	В	К	В	Щ
Ф	К	Т	О	І	П	Б	О	Ч	К	А	М	Е	Б
О	А	Ж	К	А	О	Ж	П	Л	Ш	З	С	Р	А
Г	О	О	Е	О	К	Д	И	Х	Д	А	У	Т	С
Л	Ж	Щ	Ф	Т	В	В	А	Л	І	З	А	Х	Е
Ю	О	Ч	Ф	Х	Е	І	К	И	Ш	Е	Н	Я	Й
Я	Ф	Т	П	Р	А	Д	О	М	Я	Ю	Р	Х	Н
Р	У	Р	О	А	Щ	Р	Ш	У	Х	Л	Я	Д	А
Я	Г	У	Ь	К	П	О	И	Р	П	А	К	Е	Т
Е	Ц	Б	С	І	С	К	К	М	В	Ю	Щ	Ц	Т
Щ	І	А	В	Е	Є	М	А	Л	Ц	Х	Ж	Л	Є

БАСЕЙН
ВІДРО
ЛОТОК
БОЧКА
КИШЕНЯ
ЯЩИК
КОШИК
КОНВЕРТ
ПЛЯШКА

ШУХЛЯДА
ГЛЕК
ВАЛІЗА
ПАКЕТ
ПАПКА
СУМКА
ТРУБА
ВАЗА

63 - Animais de Estimação

Р	Г	С	Ч	Е	Ю	Ф	М	І	Ф	И	Х	Ш	К
Р	Ч	Ш	Щ	Х	Д	Р	М	Р	К	Щ	О	Ю	О
К	О	Р	О	В	А	Г	Ц	Н	П	У	М	Ь	М
Р	І	К	В	І	П	А	П	У	Г	А	Я	Т	І
О	С	Ш	Х	С	Ф	Е	Я	Щ	І	Р	К	А	Р
Л	Х	Є	К	Т	И	Л	С	С	У	М	И	Ш	А
И	Н	Ф	І	А	Т	Е	Г	Т	Н	Д	Ь	Б	В
К	О	Ш	Е	Н	Я	Л	Ж	Д	А	В	Ф	Е	А
Ь	П	Я	С	Ф	Ь	К	А	О	І	Ч	Д	Р	М
Ц	У	Ц	Е	Н	Я	Ь	У	К	Л	Н	Ш	Ь	Н
Ю	Ь	Ц	Ь	Л	Ґ	Л	М	О	В	Х	К	С	Л
Ч	Е	Р	Е	П	А	Х	А	З	О	Т	Щ	Х	О
Ґ	Ґ	Ж	Щ	Х	Ч	С	М	А	Д	Ґ	У	Е	Ґ
Ь	Ж	В	Е	Т	Е	Р	И	Н	А	Р	Е	Щ	В

ВОДА
КОЗА
ЦУЦЕНЯ
ХВІСТ
ПЕС
КРОЛИК
КОМІР
КОШЕНЯ
КІШКА

ХОМ'ЯК
ЯЩІРКА
МИША
ПАПУГА
РИБА
ЧЕРЕПАХА
КОРОВА
ВЕТЕРИНАР

64 - Aviões

```
А Г В И Н Т И В М Е С Ч Е С
Т П Ю Є М Я Б Є В О Д Е Н Ь
М О П Н И Д В И Г У Н Х Ф Л
О В Д А К Ц Ю В С Р А Я В Б
С І Е О С Ш Г Ь О П Д О Р Б
Ф Т Т Ж Є А Я Є А А У Ч Л П
Е Р Д А Е Ш Ґ М Л Т С Е Р
Р Я П І Л О Т И У И И Н К И
А П О С А Д К А Р В М Е І Г
І С Т О Р І Я Б Т О С Б П О
Є У Х Ь Н П О Г О Д А О А Д
Н А П Р Я М В И С О Т А Ж А
У Ж Л С Щ Є Щ К Ю Ґ О Ж Н Щ
Б У Д І В Н И Ц Т В О П І Є
```

ВИСОТА	ГВИНТИ
ПОВІТРЯ	ВОДЕНЬ
ПОСАДКА	ІСТОРІЯ
АТМОСФЕРА	НАДУТИ
ПРИГОДА	ДВИГУН
НЕБО	ПАСАЖИР
ПАЛИВО	ПІЛОТ
БУДІВНИЦТВО	ПОГОДА
СПУСК	ЕКІПАЖ
НАПРЯМ	

65 - Tipos de Cabelo

```
Б  І  Л  И  Й  В  З  Б  Ш  Б  И  Ґ  Г  К
Т  Х  Т  И  П  Ш  Д  Л  Ш  І  І  Ґ  Р  У
О  В  О  Ф  Ц  Ж  О  И  Т  Ч  Б  Б  Д  Ч
В  И  Н  Л  Ю  К  Р  С  Р  І  Б  Л  О  Е
С  Л  К  Л  К  П  О  К  С  Б  П  О  В  Р
Т  Я  И  Ю  О  Л  В  У  А  У  Т  Н  Г  Я
И  С  Й  Ц  Р  Е  И  Ч  Н  Ч  Х  Д  И  В
Й  Т  М  Р  О  Т  Й  И  Л  Д  С  И  Й  И
Ч  И  Ю  Я  Т  Е  Є  Й  Р  И  А  Н  Й  Й
У  Й  Ш  І  К  Н  Т  І  К  О  С  И  С  К
Т  О  К  Ґ  И  И  Е  Х  М  А  І  И  Щ  У
Ж  Г  Р  Ґ  Й  Й  Й  О  В  І  Р  Ь  Й  Ч
Н  Ч  О  Р  Н  И  Й  Ц  Т  Б  И  Ґ  С  Е
К  О  Р  И  Ч  Н  Е  В  И  Й  Й  Ґ  Ф  Р
```

БІЛИЙ	ДОВГИЙ
БЛИСКУЧИЙ	КОРИЧНЕВИЙ
КУЧЕР	ХВИЛЯСТИЙ
ЛИСИЙ	СРІБЛО
СІРИЙ	ЧОРНИЙ
КОРОТКИЙ	ЗДОРОВИЙ
КУЧЕРЯВИЙ	СУХИЙ
ТОНКИЙ	М'ЯКИЙ
ТОВСТИЙ	ПЛЕТЕНИЙ
БЛОНДИН	КОСИ

66 - Formas

```
Д Ц П Р И З М А Ю П В О Ю Н
У Х И Л І Н І Я Ґ І Л Х Щ Ш
Г Д І Л К Г І П Е Р Б О Л А
А Д П Б І Ш Д И І А Ж П Щ Р
Е И Ю Ж Г Н И І Д М Ф Р Ч А
К Є Щ Т Щ П Д И С І Н Н Ж С
Р О Щ Е Я І Ю Р Ф Д К У Б Щ
И В Н Я Є Ж Ф Ч Е А П Н Е С
В А Г У Щ Б Е Є Р Ш С О А Л
А Л Р Е С Ю О К А Ґ Ж У А С
К Ь Б А Г А Т О К У Т Н И К
У Н М Т В Ч В Л Б Щ Л Ж В Ґ
Т И Е Л І П С О И Ю Щ У Щ О
Б Й Х Ґ Ц Ю Б І К Ш О Щ Е О
```

ДУГА	ГІПЕРБОЛА
КУТ	БІК
ЦИЛІНДР	ЛІНІЯ
КОЛО	ОВАЛЬНИЙ
КОНУС	ПІРАМІДА
КУБ	БАГАТОКУТНИК
КРИВА	ПРИЗМА
ЕЛІПС	ПЛОЩА
СФЕРА	

67 - Dias e Meses

```
К М І С Я Ц Ь С Е Р П Е Н Ь
А Н П О Н Е Д І Л О К И Щ І
Л Е Ж О В Т Е Н Ь С С А Р Б
Е Д П Я Т Н И Ц Я Т У Я Т Я
Н І Л Ю Т И Й Р Л М Б К Ц И
Д Л Ь Г Ф В Л И С Т О П А Д
А Я Ґ І Ч Е Т В Е Р Т Т Е Г
Р Л К Г Е Р І К Ч О А І Т Р
Ш А И Т Р Е Ь Ф Ю Ґ Т О И У
М У Н П В С С І Ч Е Н Ь Ж Д
А Л Р Р Е Е Ц Є Ш Ч Д В Д Е
Ф М Л Ц Н Н Ц Ш Ю Щ Я О Е Н
Ґ Н П Ю Ь Ь Ь Ч Е М Б К Н Ь
К В І Т Е Н Ь К Є Ф Ш Б Ь А
```

КВІТЕНЬ	МІСЯЦЬ
СЕРПЕНЬ	ЛИСТОПАД
РІК	ЖОВТЕНЬ
КАЛЕНДАР	ЧЕТВЕР
ГРУДЕНЬ	СУБОТА
НЕДІЛЯ	ПОНЕДІЛОК
ЛЮТИЙ	ТИЖДЕНЬ
СІЧЕНЬ	ВЕРЕСЕНЬ
ЛИПЕНЬ	П'ЯТНИЦЯ
ЧЕРВЕНЬ	

68 - Geografia

К	Б	С	С	В	О	Р	М	І	С	Т	О	Р	И
М	О	Ш	О	П	К	А	Е	С	В	І	Т	І	Т
М	Б	Н	Ь	Р	Е	П	Р	Г	А	Щ	Е	Ч	Е
Е	У	Щ	Т	В	А	І	И	И	І	Т	Д	К	Р
Я	Х	Ш	Л	И	Н	В	Д	Я	Р	О	Х	А	И
Р	Р	М	Щ	С	Н	Д	І	М	І	Щ	Н	М	Т
Ф	Т	Т	М	О	Р	Е	А	Ю	Ш	Д	К	И	О
О	К	А	Р	Т	А	Н	Н	Ю	Г	М	Х	І	Р
З	Р	У	Г	А	Ь	Ь	М	Т	Н	Л	Ч	Х	І
А	А	Г	О	Р	А	Т	П	І	В	К	У	Л	Я
Т	Ї	Х	О	Н	И	Д	Ж	Т	С	Я	Р	Ґ	Щ
Л	Н	П	І	В	Н	І	Ч	О	С	Т	Р	І	В
А	А	Ц	Р	Д	Ш	И	Р	О	Т	А	У	Ч	Б
С	Д	Ч	Е	Я	М	В	Я	Ґ	П	Ю	Щ	Ч	Д

ВИСОТА
АТЛАС
МІСТО
КОНТИНЕНТ
ПІВКУЛЯ
ОСТРІВ
ШИРОТА
КАРТА
МОРЕ
МЕРИДІАН

ГОРА
СВІТ
ПІВНІЧ
ОКЕАН
ЗАХІД
КРАЇНА
РЕГІОН
РІЧКА
ПІВДЕНЬ
ТЕРИТОРІЯ

69 - Antártica

```
Л С Е Р Е Д О В И Щ Е Л Т А
Б Ь К М Г Е О Г Р А Ф І Я Е
О І О Е І Б У Х Т А Т Д Р К
Ж О Ф Д Л Г Л Ш У М Л О Є С
Ш С Т М О Я Р Г Е Д Б С Н П
І К И Т І В С А Ь Л Ц Л А Е
Ґ У Н Ю В Г И Т Ц Т Н І У Д
Л Є Е К Ю П К К И І О Д К И
М І Н Е Р А Л И І Й Я Н О Ц
П І Н Г В І Н И Ю В Ф И В І
К О Н Т И Н Е Н Т У Є К И Я
Т Е М П Е Р А Т У Р А О Й Н
В О Д А Ц О С Т Р І В Б Ч Ь
П І В О С Т Р І В Р Є А Ґ И
```

СЕРЕДОВИЩЕ	ГЕОГРАФІЯ
ВОДА	ОСТРІВ
БУХТА	ДОСЛІДНИК
КИТІВ	МІГРАЦІЯ
НАУКОВИЙ	МІНЕРАЛИ
КОНТИНЕНТ	ПІВОСТРІВ
ЕКСПЕДИЦІЯ	ПІНГВІНИ
ЛЬОДОВИКІВ	СКЕЛЯСТИЙ
ЛІД	ТЕМПЕРАТУРА

70 - Flores

```
Б  Р  Л  Л  Ж  П  І  В  О  Н  І  Я  Г  К
У  О  І  К  А  Л  Е  Н  Д  У  Л  А  І  О
К  М  Л  Н  С  Ю  А  А  Ц  Л  О  Т  Б  Н
Е  А  І  Б  М  М  С  В  И  Ю  Ц  Ю  І  Ю
Т  Ш  Я  Я  И  Е  О  О  А  Б  Х  Л  С  Ш
А  К  Ж  Ґ  Н  Р  С  Р  Н  Н  Л  Ь  К  И
И  А  Ш  В  Ь  І  Д  Ж  Х  Я  Д  П  У  Н
Я  І  Т  Р  О  Я  Н  Д  А  І  Ш  А  С  А
К  У  Л  Ь  Б  А  Б  А  А  В  Д  Н  Ч  В
И  Щ  М  І  У  Н  Ф  Ш  Ч  Ю  Ц  Е  И  Я
Є  Я  А  А  З  Г  А  Р  Д  Е  Н  І  Я  К
Д  Ж  К  Я  О  М  А  Г  Н  О  Л  І  Я  Н
Д  І  Г  А  К  П  Е  Л  Ю  С  Т  К  А  Д
Щ  Є  И  Ґ  Н  О  Р  Я  Ь  Є  У  Я  Щ  Ь
```

БУКЕТ	МАГНОЛІЯ
КАЛЕНДУЛА	РОМАШКА
КУЛЬБАБА	ОРХІДЕЯ
ГАРДЕНІЯ	МАК
СОНЯШНИК	ПІВОНІЯ
ГІБІСКУС	ПЕЛЮСТКА
ЖАСМИН	ПЛЮМЕРІЯ
ЛАВАНДА	ТРОЯНДА
БУЗОК	КОНЮШИНА
ЛІЛІЯ	ТЮЛЬПАН

71 - Fazenda #1

```
Б  Д  Ж  О  Л  А  О  М  Г  Л  І  П  Є  А
Щ  П  З  Г  И  О  Т  Д  К  О  З  А  Ю  В
Є  К  Л  Е  З  И  И  О  І  Р  И  С  К  Ц
В  О  Д  А  М  Г  Н  І  Ш  Ю  И  Т  І  А
К  У  Р  К  А  Л  Р  Е  К  С  В  И  Н  Я
Я  Ч  Я  Ґ  Е  Є  Я  А  А  П  Ж  П  Ь  Ч
Т  Н  П  Ж  К  Ь  У  Т  Я  А  Б  Н  Б  Б
Р  К  Я  Ш  Я  У  Ж  Є  Д  Р  В  М  Т  Р
Д  О  Б  Р  И  В  О  І  Е  К  У  И  Т  У
Ч  Р  С  І  Н  Ф  Ц  Р  А  Х  М  Н  У
С  О  М  Е  Д  Р  І  Е  Ц  Н  Ґ  І  Ж  У
В  В  Ю  Г  Л  О  Є  Б  Д  Щ  П  О  Л  Е
П  А  Н  Є  Щ  Н  Є  Ч  Ґ  Г  Е  Н  Ґ  Ж
М  Т  Е  Л  Я  А  Ч  Я  Ґ  С  С  Е  Є  Д
```

БДЖОЛА	ВОРОНА
РИС	СІНО
ВОДА	ДОБРИВО
ТЕЛЯ	КУРКА
ОСЕЛ	КІШКА
КОЗА	МЕД
ПОЛЕ	СВИНЯ
КІНЬ	ЗГРАЯ
ПЕС	ЗЕМЛЯ
ПАРКАН	КОРОВА

72 - Livros

```
А Ж Ч О П О В І Д А Ч Ц Н А
Х А Р А К Т Е Р Р Ь Ж М І Є
І С Т О Р И Ч Н И Й Ь І Ш Є
Т Р Р Т Ж Н С Щ І Ц Б У Б П
Д І Ш Г В І Ь Е Б Л О В С Б
П О Е З І Я С П Р И Г О Д А
Я В П И Р О Ч Т К І Ш Є К С
Ж С О Я Ш С В І О У Я К О Т
Н А П И С А Н А Л Р К Є Н О
А Ю Е Д Б Ф Х Ч Е О І Ю Т Р
Х В Ї К М А Д И К М Р Я Е І
Б Е Т О Т Ж Ь Т Ц А С В К Н
М С Ч О Ш Ч П А І Н Е Ч С К
Г О У Ж Р Е Н Ч Я Ж В В Т А
```

АВТОР	ЧИТАЧ
ПРИГОДА	ОПОВІДАЧ
КОЛЕКЦІЯ	СТОРІНКА
КОНТЕКСТ	ХАРАКТЕР
НАПИСАНА	ВІРШ
ЕПОПЕЇ	ПОЕЗІЯ
ІСТОРІЯ	РОМАН
ІСТОРИЧНИЙ	СЕРІЯ

73 - Chocolate

А	А	С	М	А	К	У	С	Р	Є	Я	Х	Ж	К
К	Р	М	Д	О	У	Л	О	П	Е	Ь	Р	Я	О
А	О	А	К	Я	А	Ю	Л	О	К	Ц	Г	Д	К
Р	М	Ч	Х	К	К	Б	О	Р	З	У	Е	Ь	О
А	А	Н	П	І	В	Л	Д	О	О	К	Ч	П	С
М	Т	И	Ш	С	С	Е	К	Ш	Т	О	Г	Ц	Т
Е	Ф	Й	Е	Т	Ч	Н	И	О	И	Р	С	Т	Ґ
Л	Л	О	Р	Ь	Ц	И	Й	К	Ч	Г	Ш	О	Л
Ь	К	А	К	А	О	Й	Л	С	Н	К	Ь	Д	Ф
К	А	Л	О	Р	І	Й	Р	Г	І	Р	К	И	Й
А	Н	Т	И	О	К	С	И	Д	А	Н	Т	Л	В
Л	С	К	Ш	Ь	Є	Ч	М	О	Л	П	Е	И	Я
Ф	М	Ю	І	І	Н	Г	Р	Е	Д	І	Є	Н	Т
Х	В	Ф	І	У	Г	Ь	І	Н	П	В	В	В	Я

ЦУКОР
ГІРКИЙ
АРАХІС
АНТИОКСИДАНТ
КАКАО
КАЛОРІЙ
КАРАМЕЛЬ
КОКОС
СМАЧНИЙ

СОЛОДКИЙ
ЕКЗОТИЧНІ
УЛЮБЛЕНИЙ
СМАК
ІНГРЕДІЄНТ
ПОРОШОК
ЯКІСТЬ
РЕЦЕПТ
АРОМАТ

74 - Profissões #2

```
Б П Е Ж Х Ф О Т О Г Р А Ф І
І І У У У У Ь Я Ш Є Л Х І Л
О В Б Ч Ф Р Д А Ц А Ґ І Н Ю
Л И Д Л Л С Н О Д Ч Д Р Ж С
О Н О І І Т Ф А Ж Ф К У Е Т
Г А С К Н О Щ К Л Н М Р Н Р
П Х Л А Г М Т П Е І И Г Е А
І І І Р В А Р Е П Ж С К Р Т
Л Д Д М І Т Я Є К И Я Т Ж О
О Н Н Е С О Ш Ц Я А С Е О Р
Т И И Д Т Л Ц І К Х Р Я Т В
Щ К К К В О Ф Е Р М Е Р І О
Г І П Е Х Г С А Д І В Н И К
В К А С Т Р О Н А В Т І Ф Ю
```

ФЕРМЕР	ВИНАХІДНИК
АСТРОНАВТ	ДОСЛІДНИК
БІБЛІОТЕКАР	САДІВНИК
БІОЛОГ	ЖУРНАЛІСТ
ХІРУРГ	ЛІНГВІСТ
СТОМАТОЛОГ	ЛІКАР
ІНЖЕНЕР	ПІЛОТ
ФОТОГРАФ	ХУДОЖНИК
ІЛЮСТРАТОР	

75 - Fazenda #2

М	К	У	К	У	Р	У	Д	З	А	Г	Ф	Н	Б
А	О	Х	З	І	Щ	Ф	Е	Р	М	Е	Р	Я	Ж
І	В	Л	Р	І	С	А	Р	А	Й	Ю	У	А	У
Ґ	О	С	О	П	А	С	Т	У	Х	Р	К	К	Б
У	Ч	Я	Ш	К	А	Ч	К	А	К	У	Т	Л	Т
А	А	Г	Е	Г	О	Ш	Е	Є	Х	Т	О	А	Р
В	К	Н	Н	Т	В	А	Р	И	Н	Я	В	М	А
І	У	Я	Н	В	Я	У	Щ	У	Ш	Ч	И	А	К
В	П	Л	Я	Л	У	Г	Щ	П	С	М	Й	Щ	Т
Ц	Ц	Г	И	Е	Щ	Я	Ю	Ф	Т	І	С	О	О
Я	М	К	И	К	Г	Ф	Е	Л	И	Н	А	Р	Р
П	Ш	Е	Н	И	Ц	Я	Щ	Ш	Г	Ь	Д	Н	Ф
Ц	Ь	Л	Ф	Т	Ґ	М	Ч	Ю	Л	І	О	К	І
Е	І	Е	Г	Ц	П	В	Є	Ш	І	И	И	Ю	Т

ФЕРМЕР	СТИГЛІ
ТВАРИН	КУКУРУДЗА
САРАЙ	ВІВЦЯ
ЯЧМІНЬ	ПАСТУХ
ВУЛИК	КАЧКА
ЯГНЯ	ФРУКТОВИЙ САД
ФРУКТ	ЛУГ
ЗРОШЕННЯ	ТРАКТОР
МОЛОКО	ПШЕНИЦЯ
ЛАМА	ОВОЧ

76 - Jardim

```
Т Ч Ч Д Т Ь І Г Л Ґ Щ Л Ч Я
Я Л Е Ґ Г Р А Б Л І Р Р Х Ь
Б Г Ш Ю Я А Я Ґ А Х Я У Ь У
Д А Ь Л Я Ю З Л В Ж Ю М Н Г
Я М Є О А С К О А Ґ Е Ь Щ Т
Ш А У З Е Н О П Н Ь Ж Л О Е
К К Л А І А Г А Н О К У Ю Р
У І Г Я Ж Ш С Т А В О К Я А
Щ Г А Р А Ж Ф А І Я Т С Е С
К В І Т К А Ф Ж И Р О Х А
Ф Р У К Т О В И Й С А Д Б Р
Щ Л Е С А Д Л Ю И Б В Л Д А
Б А Т У Т О Ч К О Ш А І А Ь
П А Р К А Н Г К Д Е Р Е В О
```

ГРАБЛІ	СТАВОК
КУЩ	ГАМАК
ДЕРЕВО	ШЛАНГ
ЛАВА	ЛОПАТА
ПАРКАН	ФРУКТОВИЙ САД
КВІТКА	ҐРУНТ
ГАРАЖ	ТЕРАСА
ТРАВА	БАТУТ
ГАЗОН	ГАНОК
САД	ЛОЗА

77 - Oceano

```
Г Ь В Ґ К М Е В К Н Ь Б М Б
К Р А Б Р Е Ч Г О У Щ С Ч У
О И К Ф Е Д Б И В В У Г О Р
Г Б У Ш В У С Т Р И Ц Я В Я
Ґ А Л Щ Е З Ч Ю І О Н Т Е Ж
В Д А Р Т А Е Є Н Л С У Н Н
Е У Д Ґ К В О С Ь М И Н І Г
Щ Ж Ц Щ И К Д К І Р Л Е М У
П Р И П Л И В И А Л Ф Ц Р Б
В О Д О Р О С Т Е Й Ь Ь И К
Д Е Л Ь Ф І Н Ю Ґ Д П Х Ф А
Ц Ь К О Р А Л О В И Й Ц Г Р
Н П Ь П І Д А Б Г С Є П У Д
Ч Е Р Е П А Х А Я Е Ф Ф Б У
```

ВОДОРОСТЕЙ	ПРИПЛИВИ
ТУНЕЦЬ	МЕДУЗА
КИТ	УСТРИЦЯ
ЧОВЕН	РИБА
КРЕВЕТКИ	ВОСЬМИНІГ
КРАБ	РИФ
КОРАЛОВИЙ	СІЛЬ
ВУГОР	ЧЕРЕПАХА
ГУБКА	БУРЯ
ДЕЛЬФІН	АКУЛА

78 - Profissões #1

```
Ч М Ґ М Р Ю Б А Н К І Р Р П
Ч Є Ґ И Г В Е Д Щ Н Щ Є Е С
Х К Е С Г Е Б В Я Є І В Д И
П С П Л Є Л М О Р Я К Т А Х
Т С І И Щ І А К Ж Ю Д И К О
К А А В П Р Ь А Ш Е П У Т Л
А Н Н Е П И Я Т П Ж Е И О О
Р Т І Ц А С Т Р О Н О М Р Г
Т Е С Ь Ю П О Ж Е Ж Н И К Е
О Х Т П Ч Р Ш У Е Ч Ж О Б О
Г Н В О Ь Ь И В Ч Е Н И Й Л
Р І Щ С М Е Д С Е С Т Р А О
А К Ф О И Б Щ Ц Т И Б Щ О Г
Ф И Ф Л Х У Д О Ж Н И К Ь Ґ
```

АДВОКАТ	РЕДАКТОР
ХУДОЖНИК	ПОСОЛ
АСТРОНОМ	САНТЕХНІК
БАНКІР	МЕДСЕСТРА
ПОЖЕЖНИК	ГЕОЛОГ
МИСЛИВЕЦЬ	ЮВЕЛІР
КАРТОГРАФ	МОРЯК
ВЧЕНИЙ	ПІАНІСТ
ТАНЦЮРИСТ	ПСИХОЛОГ

79 - Campeonato

```
Т  І  С  Ж  Д  Ь  В  О  Ж  Р  Д  Ф  Ю  Ж
Р  У  Т  П  Ф  П  И  Ґ  І  Я  Ш  Я  Я  Х
Е  Ф  Р  Є  О  Ю  К  О  М  А  Н  Д  А  Ш
Н  І  А  Н  К  М  О  Т  И  В  А  Ц  І  Я
Е  Н  Т  Ч  І  Р  Н  М  Е  Д  А  Л  Ь  С
Р  А  Е  Е  Г  Р  А  Ч  П  Я  Щ  Ь  Ш  П
Ц  Л  Г  М  Р  Л  Н  Е  Е  Ь  Ґ  Б  Н  О
С  І  І  П  И  І  Н  М  Р  Г  Б  Ф  П  Р
Щ  С  Я  І  С  Г  Я  П  Е  Д  Х  С  Л  Т
Д  Т  Ф  О  У  А  Т  І  М  Е  Ґ  Б  С  Ш
Ж  Л  К  Н  Д  Т  Р  О  О  Е  Р  П  І  В
Я  П  С  А  Д  Ч  Ч  Н  Г  Ч  Ч  В  Л  Е
У  Ж  Ж  Т  Я  Ф  Ц  Б  А  К  В  Х  В  Н
Л  В  И  Т  Р  И  В  А  Л  І  С  Т  Ь  Е
```

ЧЕМПІОН	СУДДЯ
ЧЕМПІОНАТ	ЛІГА
ВИКОНАННЯ	МЕДАЛЬ
КОМАНДА	МОТИВАЦІЯ
СПОРТ	ВИТРИВАЛІСТЬ
СТРАТЕГІЯ	ТУРНІР
ФІНАЛІСТ	ТРЕНЕР
ІГРИ	ПЕРЕМОГА

80 - Castelos

```
П К Д В Г Ґ І І Л Л С Н С Ф
А А И Щ Д С А Н К И Л Ф Е Е
Л Т Н М Ч Х М Т В Т Ц Б К О
А А А Щ И Т М Н С П Н А О Д
Ц П С В Ш Ю К К Н Г Р Л Р А
И У Т Є Д И Н О Р І Г И О Л
Д Л І Ф П Я П Ш Н Ц К І Н Ь
Д Ь Я Н Ю Ф С Т І Н А П А Ц
Р Т В Е Ж А О Б П В Д М М Ф
А А Е Ь Е Ф П Р И Н Ц Е С А
К А Ю Ґ І Е О Т М А Ч С Є
О Л У Ш Ю М Д Н А Е К Ж Ґ І
Н І М П Е Р І Я Я Н Ц Г Ч Ф
Б Л А Г О Р О Д Н И Й Я Ґ В
```

БРОНЯ
КАТАПУЛЬТА
ЛИЦАР
КІНЬ
КОРОНА
ДИНАСТІЯ
ДРАКОН
ЩИТ
МЕЧ
ФЕОДАЛ

ФОРТЕЦЯ
ІМПЕРІЯ
БЛАГОРОДНИЙ
ПАЛАЦ
СТІНА
ПРИНЦЕСА
ПРИНЦ
ВЕЖА
ЄДИНОРІГ

81 - Escola # 2

```
С  І  Ф  Ч  Р  В  Р  Ш  М  О  Ш  Р  Х  Д
К  І  О  Л  І  Т  Е  Р  А  Т  У  Р  А  І
А  А  Г  І  О  С  В  І  Т  А  П  Б  О  Я
В  К  Л  Р  В  О  О  Ц  Е  Ю  Р  І  Л  Л
Ч  О  А  Е  И  О  Ь  Н  М  Ю  Ю  Б  І  Ь
И  М  Н  Д  Н  А  У  К  А  Д  К  Л  В  Н
Т  П  Л  Ю  Е  Д  Л  А  Т  В  З  І  Е  І
Е  Ю  Г  Р  А  М  А  Т  И  К  А  О  Ц  С
Л  Т  Н  П  А  П  І  Р  К  Х  К  Т  Ь  Т
Ь  Е  Н  И  Л  Ж  Я  Ч  А  О  Х  Е  К  Ь
Ґ  Р  Ч  Щ  С  Л  О  В  Н  И  К  К  Н  Ю
П  Ш  П  О  С  Т  А  В  К  И  М  А  И  Р
Ч  И  Т  А  Н  Н  Я  Г  Я  Р  Й  Ґ  Г  Ж
Д  Щ  І  Ж  І  Н  О  Ж  И  Ц  І  В  И  Г
```

АКАДЕМІЧНИЙ	ОЛІВЕЦЬ
ДІЯЛЬНІСТЬ	ЧИТАННЯ
БІБЛІОТЕКА	ЛІТЕРАТУРА
КАЛЕНДАР	КНИГИ
НАУКА	МАТЕМАТИКА
КОМП'ЮТЕР	РЮКЗАК
СЛОВНИК	ПАПІР
ОСВІТА	ВЧИТЕЛЬ
ГРАМАТИКА	ПОСТАВКИ
ІГРИ	НОЖИЦІ

82 - Abelhas

```
А Ґ Х Ч П Ц В І Т А Х Ж Ч Ь
Ш І С Л И В І И Ф К Ґ П О Ц
П І Е Є Л Л С С Г В Г Л О Т
У Я Л Е О В К А А І М Ч Н Б
Я Ґ І Х К Є Н Д Ц Т Д Д И М
Р У М У О О Л Ч К И Ґ Н У Е
О Я Є Б Р Р С С О Н Ц Е И Д
С Н І Ю О П І И П Т О Я Я Й
Л Б Г У Л Ф Ч Й С О П Е В А
И Ц Ь Ь Е Г Г І Г Т А Р Г Я
Н П И И В Ф Р У К Т Е Ю В Л
И К О М А Х А Х Ш О Ч М Т Ч
Я Щ К О Щ Е С Ж Ш Я О П А Г
І В У Л И К Р И Л А В М М Ґ
```

КРИЛА	ДИМ
ВИГІДНИЙ	КОМАХА
ВІСК	САД
ВУЛИК	МЕД
ЕКОСИСТЕМА	РОСЛИНИ
РІЙ	ПИЛОК
ЦВІТ	КОРОЛЕВА
КВІТИ	СОНЦЕ
ФРУКТ	

83 - Banheiro

```
Р  Г  М  Б  Ь  Щ  П  А  Р  Ф  У  М  И  М
Я  Б  О  А  Л  В  А  Г  У  Б  К  А  М  П
Б  М  Ц  Г  Ч  И  П  Д  Ш  В  А  Н  Н  А
Д  У  Н  Е  Є  О  Н  Е  Н  П  А  Р  В  Ш
Н  У  Л  Щ  Ц  Є  П  К  И  Л  И  М  О  К
Є  О  Ш  Ь  Д  З  Е  Р  К  А  Л  О  Д  С
Ц  Л  Ж  М  Б  И  Г  А  А  Ш  С  Ч  А  И
І  Б  О  И  У  А  Д  Н  И  Щ  Р  А  Є  І
П  Н  К  Л  Ц  С  Ш  А  М  П  У  Н  Ь  Е
Ь  Ф  Ж  О  Ш  І  Щ  К  С  К  И  Л  Х  С
Т  У  А  Л  Е  Т  Щ  Д  И  М  Х  Ь  Н  О
Л  О  С  Ь  Й  О  Н  Т  М  Д  А  К  Л  Д
Я  Г  Р  Ж  Х  М  Х  М  Я  М  Ж  Е  Ь  Б
Х  Е  І  Б  Н  М  Ґ  Р  Ь  І  Є  Н  И  І
```

ВОДА	ПАРФУМИ
ТУАЛЕТ	МИЛО
ВАННА	КИЛИМОК
БУЛЬБАШКИ	НОЖИЦІ
ДУШ	РУШНИК
ДЗЕРКАЛО	КРАН
ГУБКА	ПАР
ЛОСЬЙОН	ШАМПУНЬ

84 - Ciência

```
О Х І М І Ч Н І В Ч Т Ь Д С
Е Р Ч В Ч А С Т И Н К И А П
Є В Г Ь О С Я Д К У Ф М Т О
Г Т О А П Р И Р О Д А Г О С
Н Р Щ Л Н Я М Ц П А К Ю М Т
Ш Ь А Ґ Ю І А Б Н Н Т Ч О Е
Г Н К В Ш Ц З Ш И І Щ Ч Л Р
Ш Ґ Б Р І Ф І М Й Щ К Ґ Е Е
И Л Е К Е Т К Я У Щ Л І К Ж
Н Л А Б О Р А Т О Р І Я У Е
Р О С Л И Н И Ц Т Ґ М П Л Н
Ф І З И К А І Б І Ґ А Д И Н
Г І П О Т Е З А М Я Т І Я Я
М Е Т О Д В Ч Е Н И Й У Р Є
```

АТОМ
ВЧЕНИЙ
КЛІМАТ
ДАНІ
ЕВОЛЮЦІЯ
ФАКТ
ФІЗИКА
ВИКОПНИЙ
ГРАВІТАЦІЯ
ГІПОТЕЗА

ЛАБОРАТОРІЯ
МЕТОД
МОЛЕКУЛИ
ПРИРОДА
СПОСТЕРЕЖЕННЯ
ОРГАНІЗМ
ЧАСТИНКИ
РОСЛИНИ
ХІМІЧНІ

85 - Cores

```
Б  Е  Ж  Е  В  И  Й  З  Е  Л  Е  Н  И  Й
І  Л  К  О  Р  И  Ч  Н  Е  В  И  Й  Р  К
Л  М  А  Л  И  Н  О  В  И  Й  Ш  Е  О  У
И  Ж  О  К  М  Б  Б  К  Ш  В  О  Н  Ж  Г
Й  Р  О  Р  И  О  Р  Я  С  Є  Ч  Н  Е  Д
Ь  С  П  В  А  Т  Ф  Н  Ц  Х  О  Ґ  В  І
Е  Ю  Г  О  Т  Н  Н  Ф  Д  Ф  Р  С  И  В
Е  У  М  Р  Т  И  Ж  И  С  И  Н  І  Й  Х
Т  Ц  Е  Ч  Ж  С  Й  Е  Й  М  И  Р  Д  Г
Ю  Ф  І  О  Л  Е  Т  О  В  И  Й  И  К  Р
Л  А  Є  Щ  Н  П  Я  Ю  К  И  В  Й  М  Ж
Ю  Ч  Ш  Б  Ш  І  Р  Ж  Н  Х  Й  Б  Є  М
Ь  Т  Ж  У  Щ  Я  Ч  Е  Р  В  О  Н  И  Й
О  І  Ф  У  К  С  І  Я  Є  Д  Ь  Ь  В  И
```

ЖОВТИЙ	ОРАНЖЕВИЙ
СИНІЙ	КОРИЧНЕВИЙ
БЕЖЕВИЙ	ЧОРНИЙ
БІЛИЙ	РОЖЕВИЙ
МАЛИНОВИЙ	ФІОЛЕТОВИЙ
БЛАКИТНИЙ	СЕПІЯ
СІРИЙ	ЗЕЛЕНИЙ
ФУКСІЯ	ЧЕРВОНИЙ

86 - Comida #1

```
С Я С А Л А Т А К І В Ф С Ц
Щ Р І П А Б Р И К О С Ш У У
М О Л О К О Ц У К О Р П Ю Щ
Я І Ь П О Л У Н И Ц Я И Н К
Т Ч Н Ч С І М Я Ч А Щ Н Ц И
Л О М Л И М О Н А Р У А С Я
О Я Р І Г Х Р Д С А С Т У Д
Ь Г Б Т Н Т К Ф Н Х Щ Ш П М
В А С И Л Ь В Ч И І А В Ц Е
В Л І Ш Ь Х А Е К С Ф Х И І
М Щ К К И П М Д У Ч В Щ Б Ц
У О И Р Щ Ц Т Ь Ж С О Е У Т
Р Б Щ Є Б И Т П Ґ Ф Р Е Л У
Г Б В О Д Ч Т У Н Е Ц Ь Я Ш
```

ЦУКОР
ЧАСНИК
АРАХІС
ТУНЕЦЬ
ТОРТ
КОРИЦЯ
ЦИБУЛЯ
МОРКВА
ЯЧМІНЬ
АБРИКОС

ШПИНАТ
МОЛОКО
ЛИМОН
ВАСИЛЬ
ПОЛУНИЦЯ
РІПА
СІЛЬ
САЛАТ
СУП
СІК

87 - Pássaros

```
К Ч М Ч Ц Ф И Л Д Е Я О В Ф
Т У К А Н П П Е Ш А Ф Д Х Є
Ц М Р О Р Е Л Л Т Ґ Ь В Щ Ю
У Ц Ц К Ф И Щ Е Д П А В И Ч
Ц Р А Ґ А Ф Р К К А Ч К А Н
П Е Л І К А Н А Ц П И Ь Ж П
Л Ф М Ю Я В З О З У Л Я Е Р
Е Л С Т Р А У С Ю Г О Л У Б
Б А Г У С К А И А А Ч Л Х М
І М Я Й Ц Е Л О К Ч А П Л Я
Д І В О Р О Н А О И Й Я Х С
К Н П І Н Г В І Н Г К М Н І
А Г О Р О Б Е Ц Ь К А Д І А
Е О Х Ш Х К К О Д О Ж С Е Ч
```

СТРАУС	ЧАПЛЯ
ОРЕЛ	ЯЙЦЕ
ЛЕЛЕКА	ПАПУГА
ЛЕБІДКА	ГОРОБЕЦЬ
ВОРОНА	КАЧКА
ЗОЗУЛЯ	ПАВИЧ
ФЛАМІНГО	ПЕЛІКАН
КУРКА	ПІНГВІН
ЧАЙКА	ГОЛУБ
ГУСКА	ТУКАН

88 - Virtudes #1

```
Я Х Н Е З А Л Е Ж Н И Й В Х
П О Р О З У М Н И Й Я Я И Ш
П Р И С Т Р А С Н И Й Ф Р І
Н О А О Т К Х У Д О Ж Н І Й
Ц Ш Е К К О Р И С Н И Й Ш Ж
Х И М Ф Т И Т Ш Х Ю Г Б А І
С Й У Ф Е И Е Е В А М Ш Л Г
В К Д Ч Ю К Ч И С Т И Й Ь О
Щ А Р Ь Ь П Т Н А Б Щ Ю Н Н
Х І И О С У М И И І Е Т И Ґ
А Ч Й А М Ж І І В Й Д Ю Й Ф
П А Ц І Є Н Т Д К Н Р Ш Ц С
Ч А Р І В Н И Й Б Р И Ю К Ж
Ц І К А В И Й Й Я Л Й Й Ц Р
```

ПРИСТРАСНИЙ   НЕЗАЛЕЖНИЙ
ХУДОЖНІЙ   РОЗУМНИЙ
ХОРОШИЙ   ЧИСТИЙ
ЦІКАВИЙ   СКРОМНИЙ
ВИРІШАЛЬНИЙ   ПАЦІЄНТ
ЕФЕКТИВНИЙ   ПРАКТИЧНИЙ
ЧАРІВНИЙ   МУДРИЙ
ЩЕДРИЙ   КОРИСНИЙ

89 - Literatura

```
П  Л  Щ  Д  У  М  К  А  Р  Я  Я  В  Ц  Є
О  В  Р  П  Ш  Щ  М  В  Н  Я  І  І  Г  К
Р  И  Т  М  М  С  Е  Т  И  Е  І  Р  Л  Я
І  Ю  Р  Ґ  М  Б  Т  О  Р  С  К  Ш  А  Ц
В  Р  О  М  А  Н  А  Р  И  В  В  Д  Щ  Ф
Н  Е  Ь  А  Ю  Л  Ф  Р  М  И  И  А  О  Ф
Я  Ч  І  Щ  А  Ю  О  П  А  С  Г  Н  П  Т
Н  Ю  Ж  Т  А  С  Р  Т  В  Н  А  А  О  Е
Н  С  В  И  В  Н  А  Д  Н  О  Д  Л  В  М
Я  О  Д  Я  У  Щ  А  У  Ь  В  К  О  І  А
Є  Р  П  Є  О  Є  И  Л  Ш  О  А  Г  Д  Ь
Є  Р  Ю  И  Ґ  Н  Б  Ґ  І  К  І  І  А  С
А  Е  Ґ  Т  С  Т  И  Л  Ь  З  Х  Я  Ч  У
Л  Ф  Ц  Д  І  А  Л  О  Г  А  И  Я  М  І
```

АНАЛОГІЯ	ВИГАДКА
АНАЛІЗ	МЕТАФОРА
АНЕКДОТ	ОПОВІДАЧ
АВТОР	ДУМКА
ПОРІВНЯННЯ	ВІРШ
ВИСНОВОК	РИМА
ОПИС	РИТМ
ДІАЛОГ	РОМАН
СТИЛЬ	ТЕМА

90 - Clima

```
Х  У  Х  К  Щ  Ж  П  Р  Д  Р  Ю  С  Б  Ц
Ж  М  У  С  О  Н  І  Ш  Б  А  Ж  Ш  У  У
К  Е  А  Х  П  О  Л  Я  Р  Н  И  Й  Р  Р
Л  І  Д  Р  Г  Г  К  Ш  И  П  Б  Т  Ґ  А
І  Є  К  Г  А  І  Р  Ю  З  Н  Т  Р  А  Г
М  Я  Ф  Ц  М  Щ  Х  И  Щ  Т  О  О  Т  А
А  В  Х  І  Ч  У  С  С  М  Г  Р  П  М  Н
Т  О  Б  А  Ш  Ф  Т  У  М  А  Н  І  О  Т
Ж  Р  Р  П  О  С  У  Х  А  Н  А  Ч  С  Ж
П  Є  Р  Н  О  П  Д  І  В  Д  Д  Н  Ф  Г
Н  Е  Б  О  Л  Ц  М  И  Д  І  О  И  Е  Ю
Б  Л  И  С  К  А  В  К  А  І  Т  Й  Р  С
Т  Е  М  П  Е  Р  А  Т  У  Р  А  Е  А  И
Т  Х  Ш  М  В  Е  С  Е  Л  К  А  И  Р  К
```

ВЕСЕЛКА	ПОЛЯРНИЙ
АТМОСФЕРА	БЛИСКАВКА
БРИЗ	ПОСУХА
НЕБО	СУХІ
КЛІМАТ	ТЕМПЕРАТУРА
УРАГАН	БУР
ЛІД	ТОРНАДО
МУСОН	ТРОПІЧНИЙ
ТУМАН	ГРИМ
ХМАРА	ВІТЕР

91 - Tecnologia

```
Щ В П І Х Р А Щ Ф Д Н Л К Д
Р І О Н А Ш Е К Р А Н Ч Ш О
Ж Р В Т Ь Р Ш О Р Н Й Щ Ь С
Ь Т І Е У И Е М Х І Е Л Р Л
С У Д Р І Ф Ю П Д Є М Я Ц І
Т А О Н У Т Ф Ю І Ж Б Є І Д
А Л М Е Ь Ш Я Т Н Ц Ю Ф Б Ж
Т Ь Л Т Щ Ь Д Е Н І Ц Г Е Е
И Н Е Т Ц И Ф Р О В И Й З Н
С И Н К А М Е Р А Ґ С Я П Н
Т Й Н Ц Д Б Л О Г Р С Н Е Я
И Н Я Щ П Ґ А В І Р У С К Л
К У Р С О Р Ж Й Ч К Л И А Є
А Б Р А У З Е Р Т Ґ Р О Л М
```

ФАЙЛ	ШРИФТ
БЛОГ	ІНТЕРНЕТ
БАЙТ	ПОВІДОМЛЕННЯ
КАМЕРА	БРАУЗЕР
КОМП'ЮТЕР	ДОСЛІДЖЕННЯ
КУРСОР	БЕЗПЕКА
ДАНІ	ЕКРАН
ЦИФРОВИЙ	ВІРТУАЛЬНИЙ
СТАТИСТИКА	ВІРУС

92 - Arte

```
П З В І З У А Л Ь Н И Й С Є
Р С А К Е Р А М І Ч Н І К О
О К Ю П Т С Д В И Р А З У Р
С Л Е О А К Г Е М Г С У Л И
Т А С Е Б Л К А Ц Р Т О Ь Г
И Д И З Т А Е А Х Р Р Д П І
Й Ь М І І Д П Н Р С І А Т Н
Ц Ч В Я К Н Р Р И Т Й Я У А
Б К О У Ю И М Б Е Й И О Р Л
Е Ь Л Н Ш Й В Т Р Д И Н А У
Т В О Р И Т И Є Є С М Є И Ж
О С О Б И С Т И Й К А Е Р М
И Є У К У Ч Е С Н И Й С Т І
Щ Т С Ю Р Р Е А Л І З М Ю Л
```

КЕРАМІЧНІ	ОРИГІНАЛ
СКЛАДНИЙ	ОСОБИСТИЙ
СКЛАД	КАРТИНИ
ТВОРИТИ	ПОЕЗІЯ
СКУЛЬПТУРА	ПРОСТИЙ
ВИРАЗ	СИМВОЛ
ЧЕСНИЙ	ПРЕДМЕТ
НАСТРІЙ	СЮРРЕАЛІЗМ
ЗАПАЛЕНИЙ	ВІЗУАЛЬНИЙ

93 - Dinossauros

```
Е  В  П  В  Т  Р  А  В  О  Ї  Д  Н  І  М
В  И  О  Ж  С  Р  О  З  М  І  Р  А  З  А
О  Д  Т  Щ  Ц  Е  Н  З  Ь  Х  Ю  О  Н  М
Л  С  У  Б  И  П  Ї  А  Е  М  Ф  Г  И  О
Ю  У  Ж  Ь  Ю  Т  Е  Д  Щ  М  Ґ  Ґ  К  Н
Ц  П  Н  К  Р  И  Л  А  Н  Є  Л  Ґ  Н  Т
І  Л  И  Е  І  Л  Н  Ь  Т  И  Г  Я  Е  Н
Я  П  Й  Ю  Н  І  С  К  Н  Е  Й  Л  Н  Г
Щ  У  И  Щ  И  Я  У  П  О  Р  О  Ч  Н  Е
В  Е  Л  И  Ч  Е  З  Н  И  Й  Г  Н  Я  Х
Д  О  І  С  Т  О  Р  И  Ч  Н  И  Й  Щ  М
В  Е  Л  И  К  И  Й  Р  Ж  Ц  Б  Б  С  Д
Х  В  І  С  Т  И  У  Р  І  М  Л  К  Ґ  І
С  Ц  Ж  Б  Д  Ч  Б  Д  В  П  Д  Б  Б  О
```

КРИЛА	МАМОНТ
ХВІСТ	ВСЕЇДНИЙ
ЗНИКНЕННЯ	ПОТУЖНИЙ
ВЕЛИЧЕЗНИЙ	ДОІСТОРИЧНИЙ
ВИД	РЕПТИЛІЯ
ЕВОЛЮЦІЯ	РОЗМІР
ВЕЛИКИЙ	ЗЕМЛЯ
ТРАВОЇДНІ	ПОРОЧНЕ

94 - Esportes

```
Т К О М А Н Д А Г О Л Ь Ф О
Р Ц Щ Ь У Ч В П Ґ Ч Г Р А Д
Е Ш Ц Н Щ Б Е Й С Б О Л А С
Н К Н Б Ь Г Л М Я Є В Я В У
Е С Т А Д І О Н П П Г У Г А
Р У Е С А М С Ц Л І В Ц І С
Ь Д Н К Я Н И Р Г Р О Ц М П
Т Д І Е Ґ А П Н Г Р К Н Н О
Е Я С Т Ш З Е Ш Р Г У Щ А Р
Х Ц Ю Б Ь І Д Є А Ц В Х С Т
О О Ц О Ж Я С Ф В К В А Т С
Е Ц К Л Б Х Ш Ф Е П Ф Х И М
П Е Р Е М О Ж Е Ц Ь У В К Е
Ч Щ А Ф Й Е Д У Ь Ґ Ю Ґ А Н
```

СПОРТСМЕН	ГІМНАЗІЯ
СУДДЯ	ГІМНАСТИКА
БАСКЕТБОЛ	ГОЛЬФ
БЕЙСБОЛ	ХОКЕЙ
ВЕЛОСИПЕД	ГРАВЕЦЬ
ЧЕМПІОНАТ	ГРА
КОМАНДА	РУХ
СТАДІОН	ТЕНІС
ПЕРЕМОЖЕЦЬ	ТРЕНЕР

95 - Comida # 2

```
Ш Ц К Г Я Р К Ш Ч Ш У И И П
Г Я М Г Б Ж И Р И Б А Є Б Ш
Р Я В М Л Д Д С Л Ю Х Ь О Е
И М А Ш У В И Н О Г Р А Д Н
Б В И Е К Л И К И П Б Ґ Б И
Я М Ю Г О Н Ш О К О Л А Д Ц
Я Й Ц Е Д Е Н О Г М С И Р Я
Т Б А К Л А Ж А Н І Ш У С Б
Ю О Л Б Г Р Л И К Д И В Г Р
Ц Б Ь І Е Т Б Ь У О Н К Ґ О
Я С Р Ц Я И А Х Р Р К І Е К
Щ Д Ґ В И Ш Н Я К К А В Б О
Ч У Є Л Г О А Є А Є К І Щ Л
Д С И Л У К Н Й О Г У Р Т І
```

АРТИШОК	ЙОГУРТ
МИГДАЛЬ	КІВІ
РИС	ЯБЛУКО
БАНАН	ЯЙЦЕ
БАКЛАЖАН	РИБА
БРОКОЛІ	ШИНКА
ВИШНЯ	СИР
ШОКОЛАД	ПОМІДОР
ГРИБ	ПШЕНИЦЯ
КУРКА	ВИНОГРАД

96 - Barcos

```
Б П Ч Т Т П В Н Я Щ Б Р Ґ Д
У Р В П Л І Т Б П В Е Ґ Р О
Й И М О Р С Ь К І О Щ Ь Щ К
П П Х В И Л І Ф Я Е Р Г А К
І Л Ґ В Ц А Ґ И В Ш Ґ О В Ц
Ю И С К Ф Д Я Ж Т О К С М Ц
В В В П И Я Х О З Е Р О О Д
Е К І П А Ж Т Н Щ Щ Ь Р Т Є
І Щ Щ О Г Л А М Щ Є Ц І У Ш
І Д В К А Я К Ґ О Ч Г Ч З П
Я У Л Е Ґ Я Р М О Р Я К К Ь
Х К Ґ А К А Н О Е Ч Е А А А
Ґ Х І Н Д В И Г У Н Я Р А О
Ц І Ш Р М Х Н Е Х Я М Б Б Т
```

ЯКІР	МОРЕ
ПОРОМ	ПРИПЛИВ
БУЙ	МОРЯК
КАЯК	ЩОГЛА
КАНОЕ	ДВИГУН
МОТУЗКА	МОРСЬКІ
ДОК	ОКЕАН
ЯХТА	ХВИЛІ
ПЛІТ	РІЧКА
ОЗЕРО	ЕКІПАЖ

97 - Outono

```
Щ К К У М Щ Р Я П Ґ Б Р І П
С О Х Ф І Ч І П Б О Щ И Х О
К Р Ж Ф С М В І Ц Л Ж Є Л Г
І Ю О Р Я Г Н О С Ч У Е Р О
Б І Л У Ц М О Д В Ю Ц К Ж Д
П Ч У К І Ф Д Я Є Л О Є А А
Р А Д Т Ш Г Е Г К Л І М А Т
И У Ь О Я Я Н М О Р О З Ц Ф
Р Ш Ш В Б Є Н К А Ш Т А Н И
О Є Ф И М Б Я Є Т Ь Т Т Ю І
Д Ч Г Й Ф Е С Т И В А Л Ь Ь
А В Р С Е З О Н Н И Й Ю Я М
Е У Ь А Д Т М І Г Р А Ц І Я
У Е В Д Е У І Ю Ж Р Р Ю Щ Ь
```

ЖОЛУДЬ	МІСЯЦІ
КАШТАНИ	МІГРАЦІЯ
КЛІМАТ	ПРИРОДА
РІВНОДЕННЯ	ФРУКТОВИЙ САД
ФЕСТИВАЛЬ	ОДЯГ
МОРОЗ	СЕЗОННИЙ
ПОЖЕЖ	ПОГОДА
ЯБЛУКА	

98 - Piratas

Ц	О	З	О	Л	О	Т	О	Х	К	П	К	О	Г
П	Н	Я	К	Е	І	М	Л	П	Л	Я	Ж	Я	Ж
К	Ф	Н	Е	Б	Е	З	П	Е	К	А	К	Т	П
О	Т	М	А	Ч	В	Щ	У	Ч	Я	Щ	А	І	Ш
М	Е	Ч	Н	С	Ж	П	Ж	Е	Х	Ґ	П	Л	Р
П	Л	Е	Г	Е	Н	Д	А	Р	О	М	І	О	А
А	М	О	С	Т	Р	І	В	А	Т	Я	Т	Х	М
С	П	О	П	А	П	У	Г	А	К	Ш	А	О	Я
Е	Р	К	Н	І	К	А	П	О	Г	А	Н	И	Й
К	И	Ж	С	Е	Р	Ю	Щ	Ч	Г	Ч	Р	Ч	Ь
І	Г	Ч	С	Е	Т	Ш	Н	В	Н	А	Ч	Т	Н
П	О	А	Я	С	А	И	Х	Ф	Є	Б	Ф	Ь	А
А	Д	І	Ю	М	А	Х	Ж	Ц	А	Є	И	А	Д
Ж	А	Н	Ґ	Ч	Д	Ф	С	К	А	Р	Б	Н	А

ПРИГОДА
ЯКІР
КОМПАС
КАПІТАН
ПЕЧЕРА
ШРАМ
МЕЧ
ОСТРІВ
ЛЕГЕНДА
КАРТА

ПОГАНИЙ
МОНЕТИ
ОКЕАН
ЗОЛОТО
ПАПУГА
НЕБЕЗПЕКА
ПЛЯЖ
РОМ
СКАРБ
ЕКІПАЖ

99 - Mamíferos

```
Л О Н У Д К І Ш К А Є Т І Ч
Б Х Ж В Е К Р Р С Щ Ґ Б И К
Ш И Ь Л Л Е В О Ь Л Ю Ч Я Ш
Л Н Т Е Ь Щ У К Л Ш О С Я П
К И Т О Ф А Г Є Т И П Н Ц Ь
Е Ч С Ж І К О Й О Т К Є А Ь
Н Д Я И Н У Р Ь У В М Ь Щ Т
Г М Ф Л Ц Д И Ю Д І А У Х Ж
У И С Р Н Я Л Я М В В О В К
Р Б О Б Е Р А Ц Ю Ц П П Е С
У В Е Р Б Л Ю Д К Я А Ю О Ґ
Щ Є Ь Ж И Р А Ф З Е Б Р А С
Д С Т Т Б Б Ц К Ч Д Ч М Є А
М К І Н Ь Ф Е Є Е Ш І Ґ Є У
```

КИТ	ЖИРАФ
ВЕРБЛЮД	ДЕЛЬФІН
КЕНГУРУ	ГОРИЛА
БОБЕР	ЛЕВ
КІНЬ	ВОВК
ПЕС	МАВПА
КРОЛИК	ВІВЦЯ
КОЙОТ	ЛИСИЦЯ
СЛОН	БИК
КІШКА	ЗЕБРА

100 - Atividades e Lazer

```
В  М  К  С  В  О  Л  Е  Й  Б  О  Л  Б  Ф
Х  И  Б  Е  А  Г  Я  Т  Я  С  И  П  А  У
О  С  Е  В  М  Д  Ь  Х  Т  Е  Н  І  С  Т
Б  Т  Й  М  Щ  П  І  Ш  В  Щ  О  Ь  К  Б
І  Е  С  В  Р  Г  І  В  И  Л  І  Ю  Е  О
А  Ц  Б  И  Д  І  Д  Н  Н  Ч  Є  Т  Т  Л
Х  Т  О  Я  Ц  Я  Ґ  Н  Г  И  Б  Г  Б  Ч
Є  В  Л  Н  М  В  В  Н  А  Є  Ц  Ф  О  Ь
К  О  М  К  Г  О  Л  Ь  Ф  Я  К  Т  Л  Д
П  О  Д  О  Р  О  Ж  У  В  А  Т  И  В  А
С  Е  Р  Ф  І  Н  Г  Б  В  И  Б  Е  О  О
Р  И  Б  О  Л  О  В  Л  Я  Е  Є  О  Я  Л
П  Л  А  В  А  Н  Н  Я  О  Л  Х  В  К  Ґ
П  І  Р  Н  А  Н  Н  Я  І  Д  О  О  Щ  С
```

КЕМПІНГ	САДІВНИЦТВО
МИСТЕЦТВО	ПІРНАННЯ
БАСКЕТБОЛ	ПЛАВАННЯ
БЕЙСБОЛ	РИБОЛОВЛЯ
БОКС	СЕРФІНГ
ФУТБОЛ	ТЕНІС
ГОЛЬФ	ПОДОРОЖУВАТИ
ХОБІ	ВОЛЕЙБОЛ

1 - Dirigindo

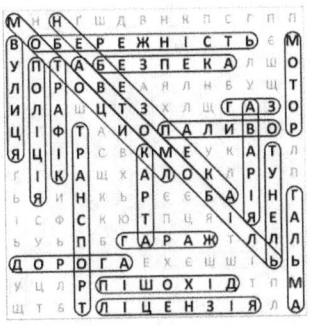

2 - Atividades

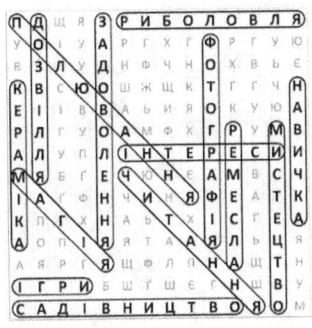

3 - Churrascos

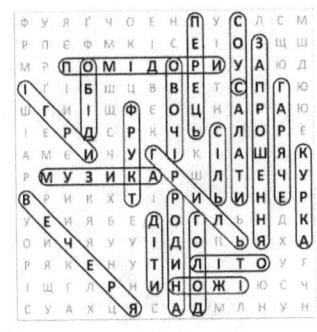

4 - Pesca

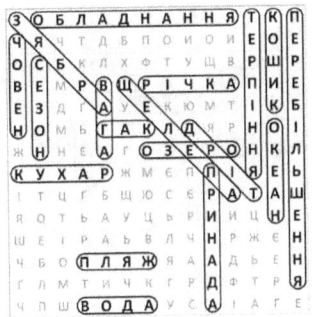

5 - Geologia

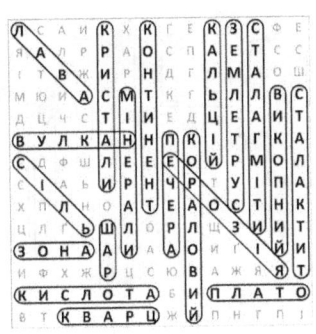

6 - Móveis

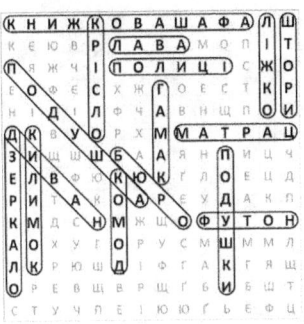

7 - Tempo

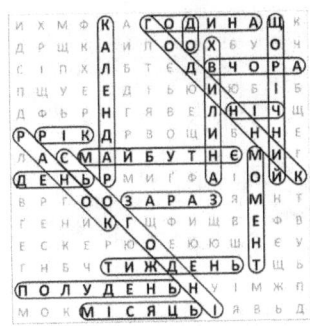

8 - Astronomia

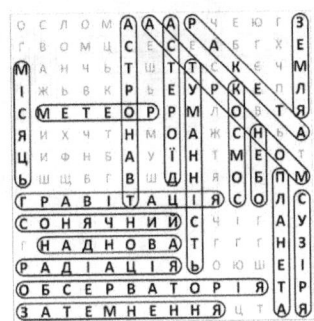

9 - Circo

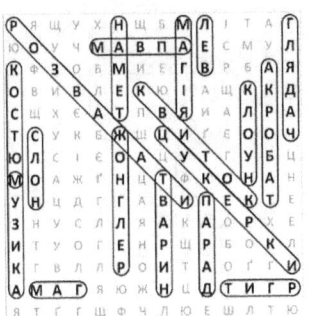

10 - Acampamento

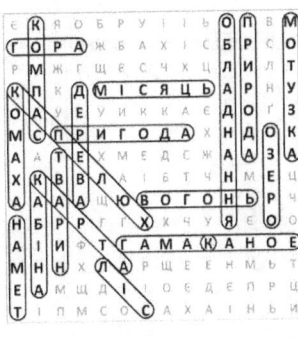

11 - Emoções

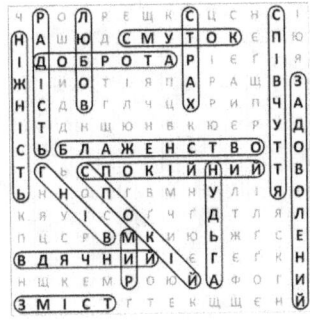

12 - Ficção Científica

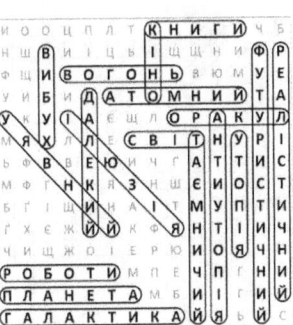

13 - Mitologia

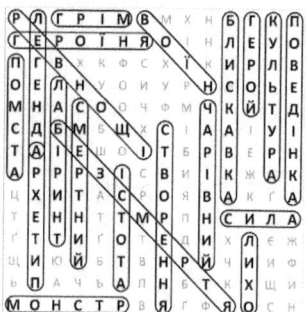

14 - Medições

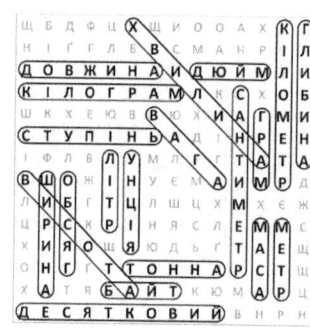

15 - Plantas

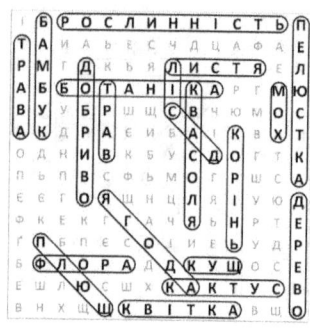

16 - Veículos

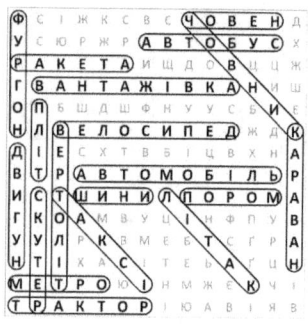

17 - Restaurante # 2

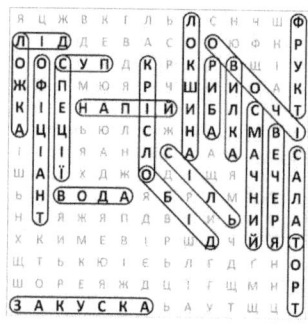

18 - Países #2

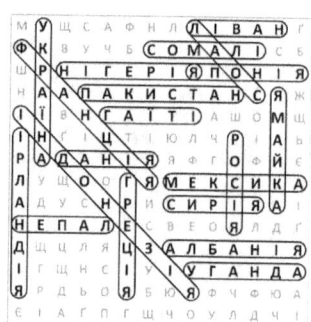

19 - Cozinha

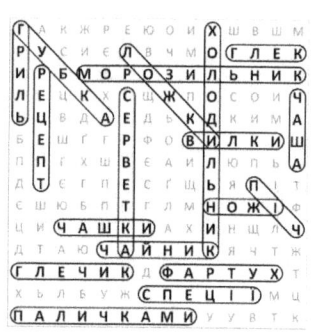

20 - Brinquedos

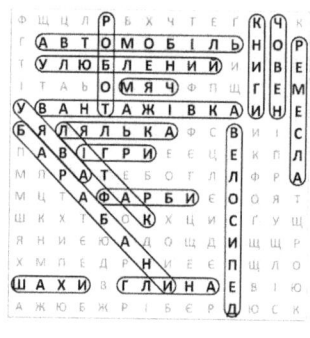

21 - Verão

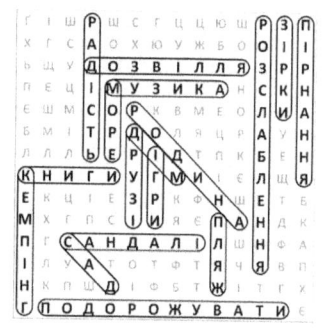

22 - Material de Arte

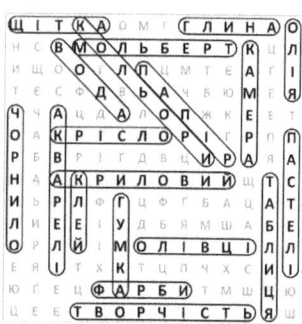

23 - Números

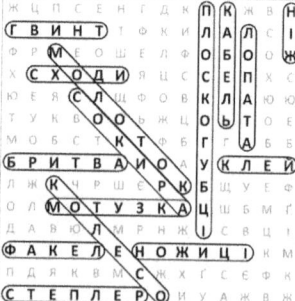

24 - Ferramentas

25 - Especiarias

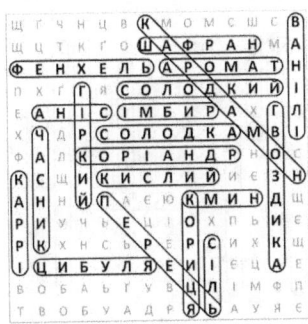

26 - Aniversário

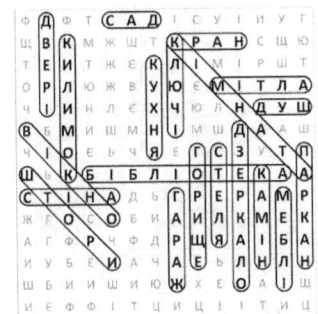

27 - Casa

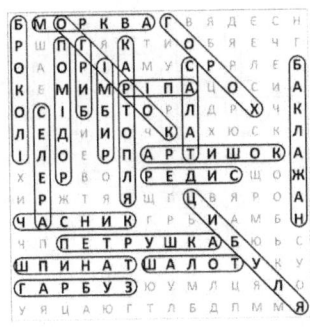

28 - Vegetais

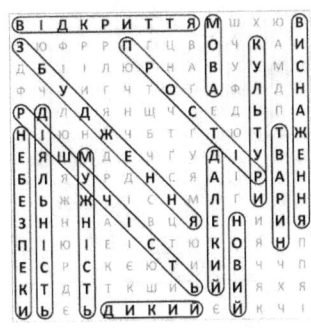

29 - Exploração

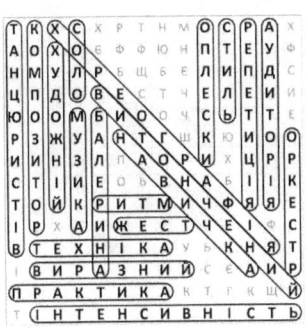

30 - Balé

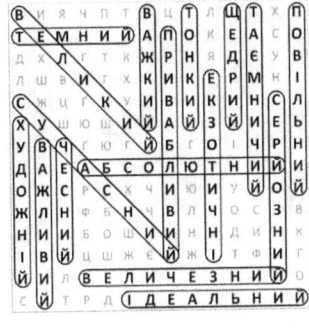

31 - Adjetivos #1

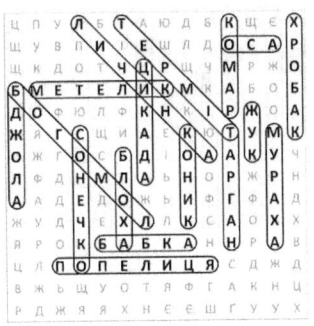

32 - Insetos

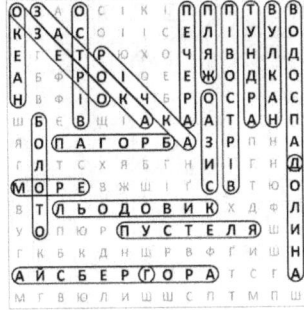

33 - Paisagens

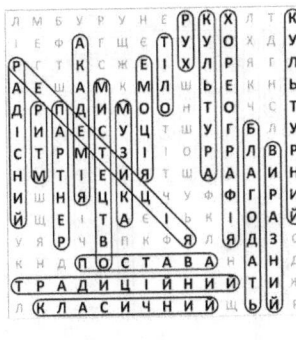

34 - Dança

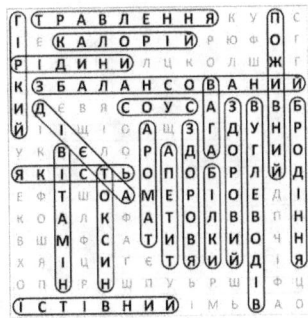

35 - Nutrição

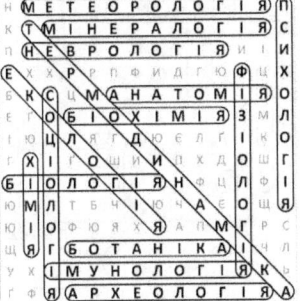

36 - Disciplinas Científicas

37 - Meditação

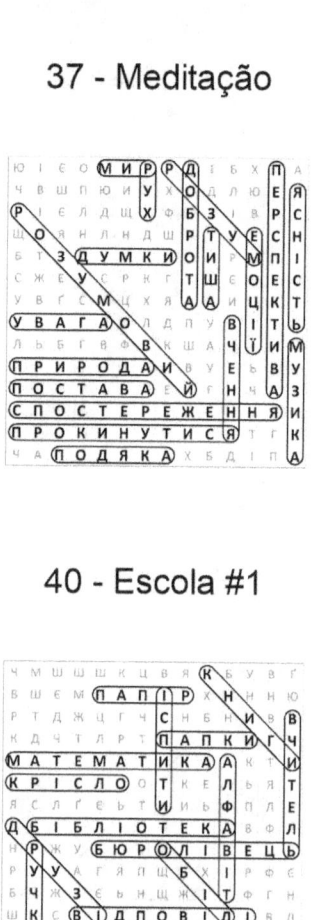

38 - Artes Visuais

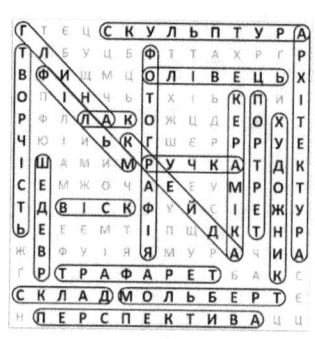

39 - Instrumentos Musicais

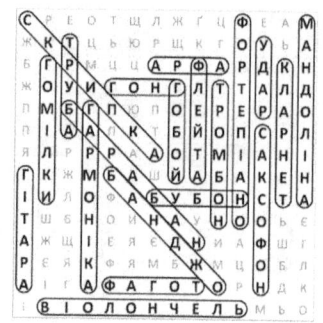

40 - Escola #1

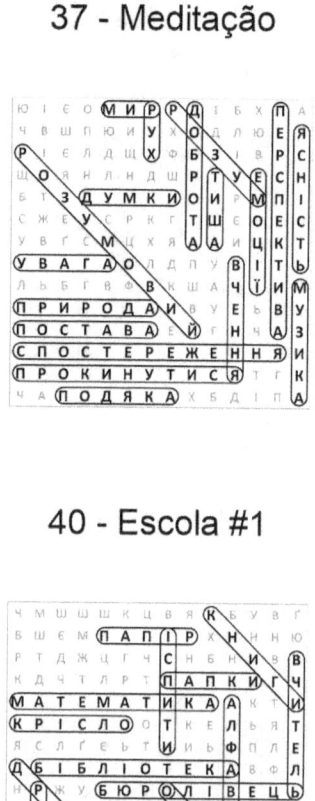

41 - Adjetivos #2

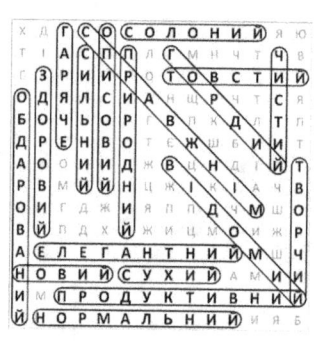

42 - Roupas

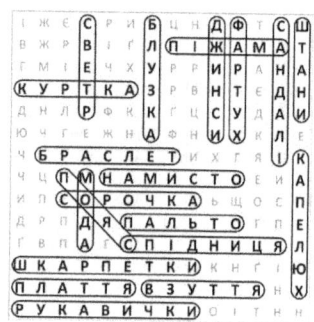

43 - Herbalismo

44 - Férias #1

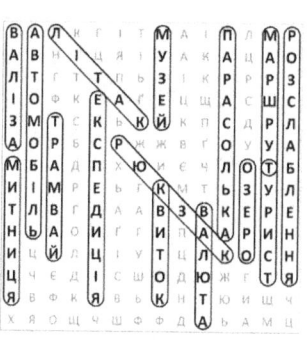

45 - Frutas

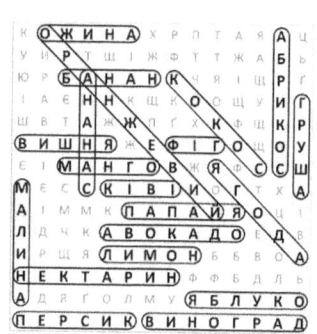

46 - Corpo Humano

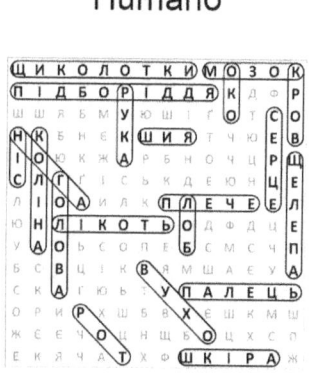

47 - Restaurante #1

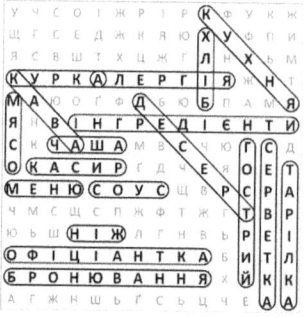

48 - Caminhada

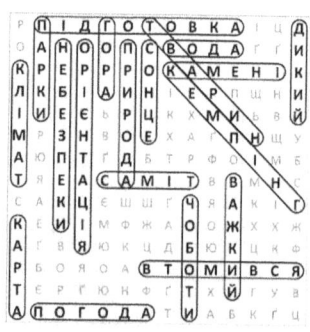

49 - Água

50 - Ecologia

51 - Família

52 - Férias #2

53 - Edifícios

54 - Praia

55 - Xadrez

56 - Aventura

57 - Surf

58 - Floresta Tropical

59 - Cidade

60 - Matemática

61 - Natureza

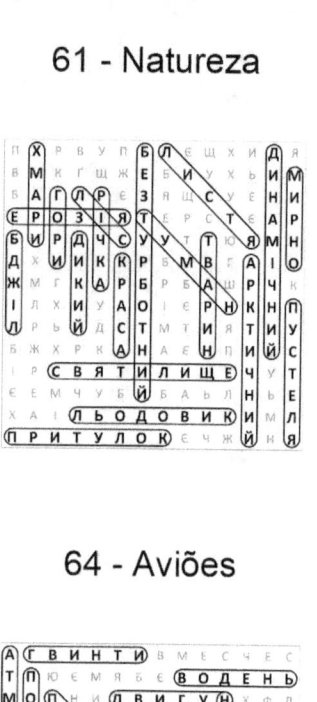

62 - Preencher

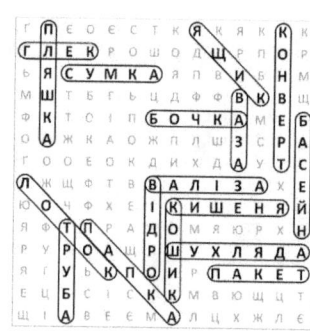

63 - Animais de Estimação

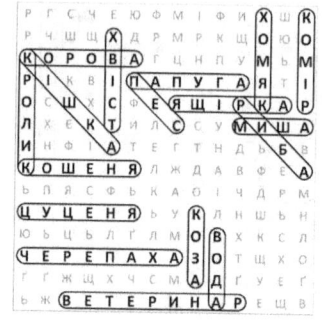

64 - Aviões

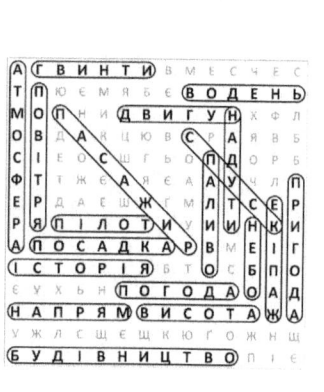

65 - Tipos de Cabelo

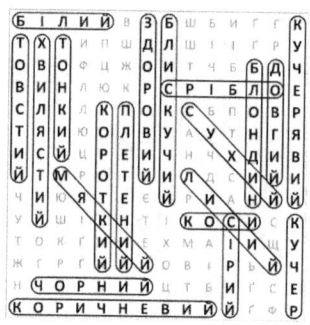

66 - Formas

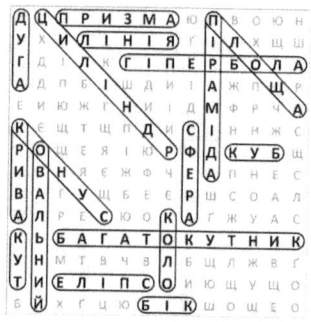

67 - Dias e Meses

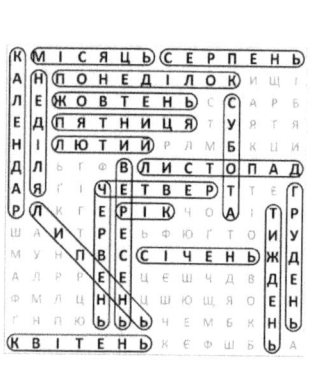

68 - Geografia

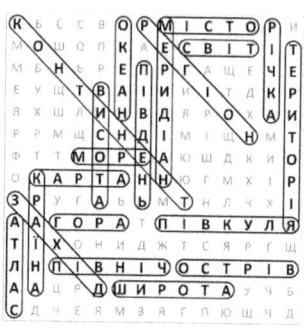

69 - Antártica

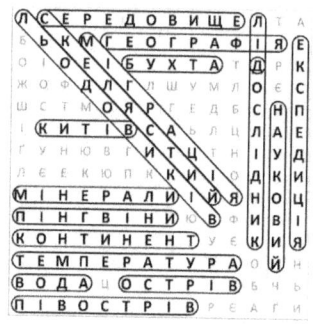

70 - Flores

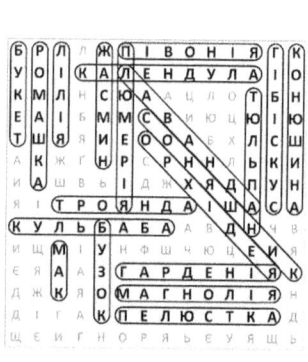

71 - Fazenda #1

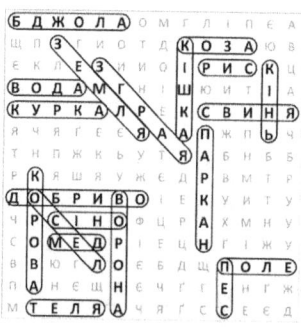

72 - Livros

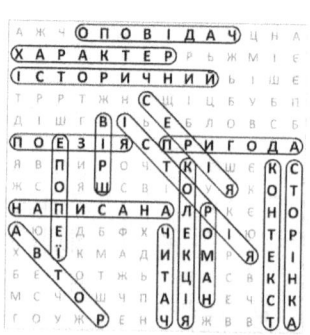

73 - Chocolate
74 - Profissões #2
75 - Fazenda #2
76 - Jardim
77 - Oceano
78 - Profissões #1
79 - Campeonato
80 - Castelos
81 - Escola # 2

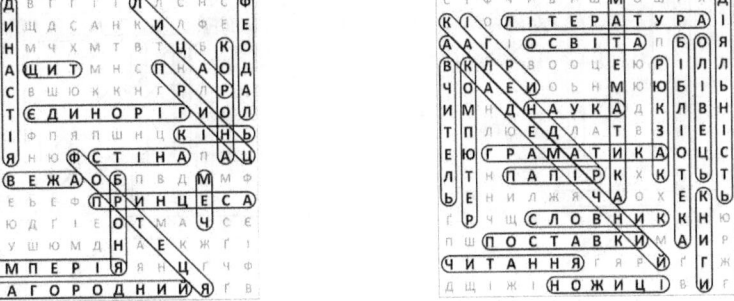

82 - Abelhas
83 - Banheiro
84 - Ciência

85 - Cores

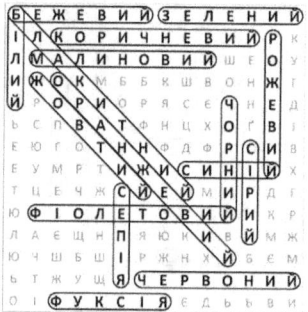

86 - Comida #1

87 - Pássaros

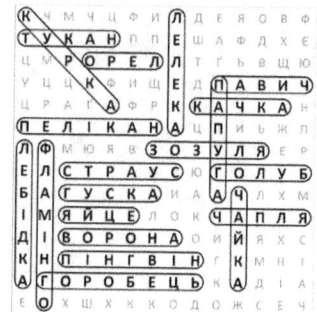

88 - Virtudes #1

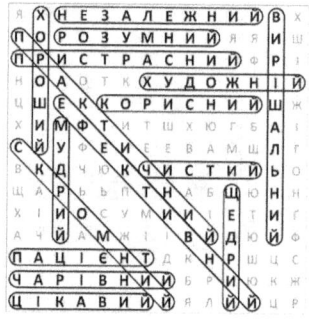

89 - Literatura

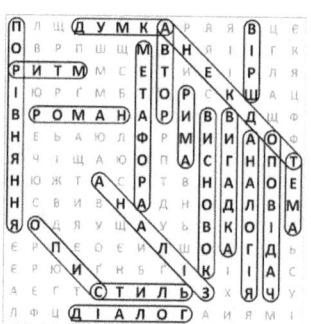

90 - Clima

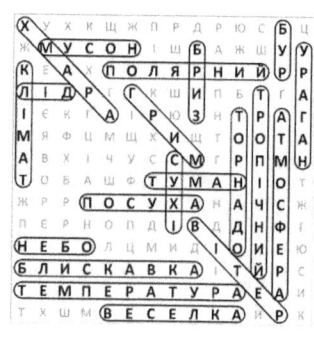

91 - Tecnologia

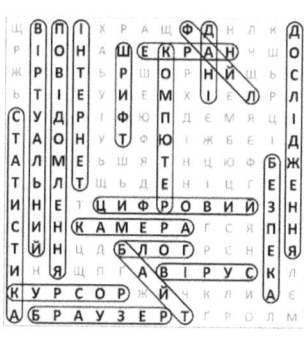

92 - Arte

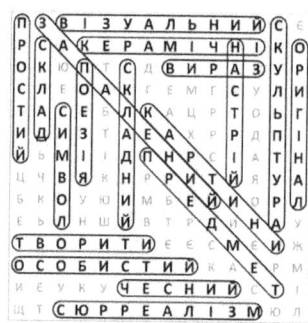

93 - Dinossauros

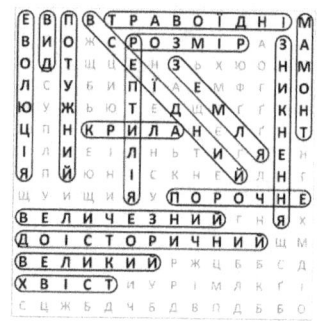

94 - Esportes

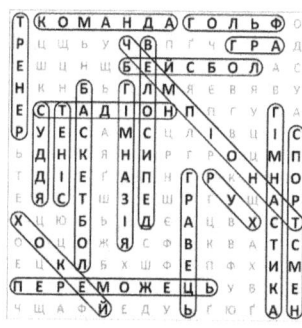

95 - Comida # 2

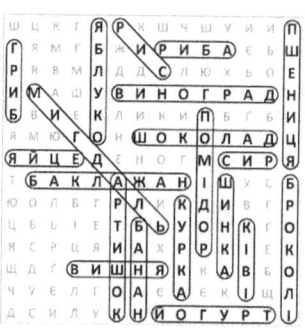

96 - Barcos

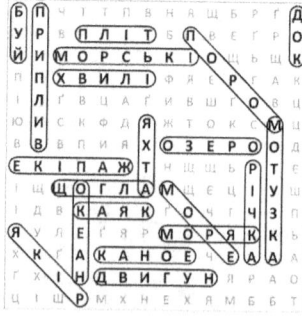

97 - Outono

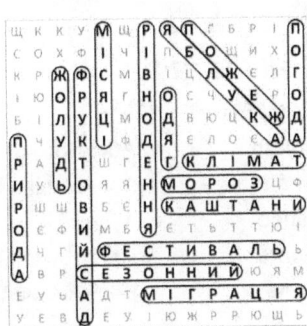

98 - Piratas

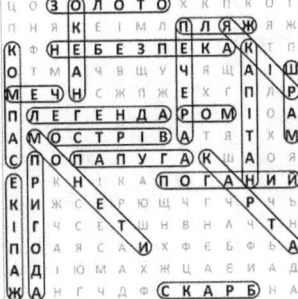

99 - Mamíferos

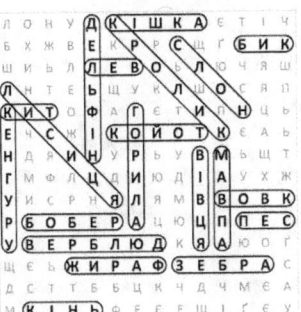

100 - Atividades e Lazer

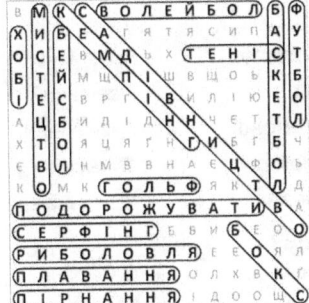

Dicionário

Abelhas
Бджола

Asas	Крила
Benéfico	Вигідний
Cera	Віск
Colmeia	Вулик
Ecossistema	Екосистема
Enxame	Рій
Flor	Цвіт
Flores	Квіти
Fruta	Фрукт
Fumaça	Дим
Inseto	Комаха
Jardim	Сад
Mel	Мед
Plantas	Рослини
Pólen	Пилок
Rainha	Королева
Sol	Сонце

Acampamento
Кемпінг

Animais	Тварин
Aventura	Пригода
Árvores	Дерева
Bússola	Компас
Cabine	Кабіна
Caça	Полювання
Canoa	Каное
Chapéu	Капелюх
Corda	Мотузка
Equipamento	Обладнання
Floresta	Ліс
Fogo	Вогонь
Inseto	Комаха
Lago	Озеро
Lua	Місяць
Maca	Гамак
Mapa	Карта
Montanha	Гора
Natureza	Природа
Tenda	Намет

Adjetivos #1
Прикметники #1

Absoluto	Абсолютний
Aromático	Ароматичний
Artístico	Художній
Atraente	Привабливий
Enorme	Величезний
Escuro	Темний
Exótico	Екзотичні
Fino	Тонкий
Generoso	Щедрий
Grande	Великий
Honesto	Чесний
Idêntico	Ідентичний
Importante	Важливий
Lento	Повільний
Misterioso	Таємничий
Moderno	Сучасний
Perfeito	Ідеальний
Pesado	Важкий
Sério	Серйозний
Valioso	Цінний

Adjetivos #2
Прикметники #2

Autêntico	Справжнім
Criativo	Творчий
Descritivo	Описовий
Dotado	Обдарований
Elegante	Елегантний
Famoso	Відомий
Forte	Сильний
Grosso	Товстий
Interessante	Цікавий
Natural	Природний
Normal	Нормальний
Novo	Новий
Orgulhoso	Гордий
Produtivo	Продуктивний
Puro	Чистий
Quente	Гаряче
Salgado	Солоний
Saudável	Здоровий
Seco	Сухий
Selvagem	Дикий

Animais de Estimação
Домашні Тварини

Água	Вода
Cabra	Коза
Cachorro	Цуценя
Cauda	Хвіст
Cão	Пес
Coelho	Кролик
Colarinho	Комір
Gatinho	Кошеня
Gato	Кішка
Hamster	Хом'Як
Lagarto	Ящірка
Mouse	Миша
Papagaio	Папуга
Peixe	Риба
Tartaruga	Черепаха
Vaca	Корова
Veterinário	Ветеринар

Aniversário
День Народження

Alegre	Радісний
Amigos	Друзі
Ano	Рік
Bolo	Торт
Calendário	Календар
Canção	Пісня
Cartões	Картки
Celebração	Святкування
Convites	Запрошення
Dia	День
Dom	Подарунок
Especial	Особливий
Feliz	Щасливий
Jovem	Молодий
Nascer	Народився
Sabedoria	Мудрість
Tempo	Час
Velas	Свічки

Antártica
Антарктида

Ambiente	Середовище
Água	Вода
Baía	Бухта
Baleias	Китів
Científico	Науковий
Conservação	Збереження
Continente	Континент
Expedição	Експедиція
Geleiras	Льодовиків
Gelo	Лід
Geografia	Географія
Ilhas	Острів
Investigador	Дослідник
Migração	Міграція
Minerais	Мінерали
Península	Півострів
Pinguins	Пінгвіни
Rochoso	Скелястий
Temperatura	Температура
Topografia	Топографія

Arte
Мистецтво

Cerâmica	Керамічні
Complexo	Складний
Composição	Склад
Criar	Творити
Escultura	Скульптура
Expressão	Вираз
Honesto	Чесний
Humor	Настрій
Inspirado	Запалений
Original	Оригінал
Pessoal	Особистий
Pinturas	Картини
Poesia	Поезія
Simples	Простий
Símbolo	Символ
Sujeito	Предмет
Surrealismo	Сюрреалізм
Visual	Візуальний

Artes Visuais
Образотворче Мистецтво

Argila	Глина
Arquitetura	Архітектура
Artista	Художник
Caneta	Ручка
Cavalete	Мольберт
Cera	Віск
Cerâmica	Кераміка
Composição	Склад
Criatividade	Творчість
Escultura	Скульптура
Estêncil	Трафарет
Filme	Фільм
Fotografia	Фотографія
Giz	Крейда
Lápis	Олівець
Obra-Prima	Шедевр
Perspectiva	Перспектива
Retrato	Портрет
Verniz	Лак

Astronomia
Астрономія

Asteróide	Астероїд
Astronauta	Астронавт
Astrônomo	Астроном
Céu	Небо
Constelação	Сузір'Я
Cosmos	Космос
Eclipse	Затемнення
Equinócio	Рівнодення
Foguete	Ракета
Gravidade	Гравітація
Lua	Місяць
Meteoro	Метеор
Nebulosa	Туманність
Observatório	Обсерваторія
Planeta	Планета
Radiação	Радіація
Solar	Сонячний
Supernova	Наднова
Terra	Земля
Universo	Всесвіт

Atividades
Види Діяльності

Arte	Мистецтво
Artesanato	Ремесла
Atividade	Діяльність
Caca	Полювання
Cerâmica	Кераміка
Fotografia	Фотографія
Habilidade	Навичка
Interesses	Інтереси
Jardinagem	Садівництво
Jogos	Ігри
Lazer	Дозвілля
Lendo	Читання
Magia	Магія
Pesca	Риболовля
Prazer	Задоволення
Relaxamento	Розслаблення

Atividades e Lazer
Відпочинок та Дозвілля

Acampamento	Кемпінг
Arte	Мистецтво
Basquete	Баскетбол
Beisebol	Бейсбол
Boxe	Бокс
Futebol	Футбол
Golfe	Гольф
Hobbies	Хобі
Jardinagem	Садівництво
Mergulho	Пірнання
Natação	Плавання
Pesca	Риболовля
Relaxante	Розслаблюючий
Surfe	Серфінг
Tênis	Теніс
Viagem	Подорожувати
Voleibol	Волейбол

Aventura
Пригоди

Alegria	Радість
Amigos	Друзі
Atividade	Діяльність
Beleza	Краса
Bravura	Хоробрість
Chance	Шанс
Desafios	Проблеми
Destino	Призначення
Dificuldade	Трудність
Entusiasmo	Ентузіазм
Excursão	Екскурсія
Incomum	Незвичайні
Itinerário	Маршрут
Natureza	Природа
Navegação	Навігація
Novo	Новий
Oportunidade	Можливість
Perigoso	Небезпечний
Preparação	Підготовка
Segurança	Безпека

Aviões
Літаки

Altura	Висота
Ar	Повітря
Aterrissagem	Посадка
Atmosfera	Атмосфера
Aventura	Пригода
Céu	Небо
Combustível	Паливо
Construção	Будівництво
Descida	Спуск
Direção	Напрям
Hélices	Гвинти
Hidrogênio	Водень
História	Історія
Inflar	Надути
Motor	Двигун
Passageiro	Пасажир
Piloto	Пілот
Tempo	Погода
Tripulação	Екіпаж

Água
Вода

Canal	Канал
Chuva	Дощ
Chuveiro	Душ
Evaporação	Випаровування
Furacão	Ураган
Geada	Мороз
Gelo	Лід
Geyser	Гейзер
Inundação	Повінь
Irrigação	Зрошення
Lago	Озеро
Monção	Мусон
Neve	Сніг
Oceano	Океан
Ondas	Хвилі
Potável	Питний
Rio	Річка
Umidade	Вологість
Vapor	Пар

Balé
Балет

Aplauso	Оплески
Artístico	Художній
Bailarina	Балерина
Compositor	Композитор
Coreografia	Хореографія
Dançarinos	Танцюристів
Ensaio	Репетиція
Estilo	Стиль
Expressivo	Виразний
Gesto	Жест
Gracioso	Витончений
Habilidade	Навичка
Intensidade	Інтенсивність
Música	Музика
Orquestra	Оркестр
Prática	Практика
Público	Аудиторія
Ritmo	Ритм
Solo	Соло
Técnica	Техніка

Banheiro
Ванна Кімната

Água	Вода
Banheiro	Туалет
Banho	Ванна
Bolhas	Бульбашки
Chuveiro	Душ
Espelho	Дзеркало
Esponja	Губка
Loção	Лосьйон
Perfume	Парфуми
Sabão	Мило
Tapete	Килимок
Tesoura	Ножиці
Toalha	Рушник
Torneira	Кран
Vapor	Пар
Xampu	Шампунь

Barcos
Катери

Âncora	Якір
Balsa	Пором
Bóia	Буй
Caiaque	Каяк
Canoa	Каное
Corda	Мотузка
Doca	Док
Iate	Яхта
Jangada	Пліт
Lago	Озеро
Mar	Море
Maré	Приплив
Marinheiro	Моряк
Mastro	Щогла
Motor	Двигун
Náutico	Морські
Oceano	Океан
Ondas	Хвилі
Rio	Річка
Tripulação	Екіпаж

Brinquedos
Іграшки

Argila	Глина
Artesanato	Ремесла
Avião	Літак
Barco	Човен
Bateria	Барабани
Bicicleta	Велосипед
Bola	М'яч
Boneca	Лялька
Caminhão	Вантажівка
Carro	Автомобіль
Favorito	Улюблений
Imaginação	Уява
Jogos	Ігри
Livros	Книги
Robô	Робот
Tintas	Фарби
Xadrez	Шахи

Caminhada
Походи

Acampamento	Кемпінг
Animais	Тварин
Água	Вода
Botas	Чоботи
Cansado	Втомився
Clima	Клімат
Cume	Саміт
Mapa	Карта
Montanha	Гора
Natureza	Природа
Orientação	Орієнтація
Parques	Парки
Pedras	Камені
Perigos	Небезпеки
Pesado	Важкий
Preparação	Підготовка
Selvagem	Дикий
Sol	Сонце
Tempo	Погода

Campeonato
Чемпіонат

Campeão	Чемпіон
Campeonato	Чемпіонат
Desempenho	Виконання
Equipe	Команда
Esportes	Спорт
Estratégia	Стратегія
Finalista	Фіналіст
Jogos	Ігри
Juiz	Суддя
Liga	Ліга
Medalha	Медаль
Motivação	Мотивація
Resistência	Витривалість
Torneio	Турнір
Treinador	Тренер
Vitória	Перемога

Casa
Будинок

Biblioteca	Бібліотека
Cerca	Паркан
Chaves	Ключі
Chuveiro	Душ
Cortinas	Штори
Cozinha	Кухня
Espelho	Дзеркало
Garagem	Гараж
Janela	Вікно
Jardim	Сад
Lareira	Камін
Mobiliário	Меблі
Parede	Стіна
Porta	Двері
Quarto	Кімната
Sótão	Горище
Tapete	Килимок
Teto	Стеля
Torneira	Кран
Vassoura	Мітла

Castelos
Замки

Armadura	Броня
Catapulta	Катапульта
Cavaleiro	Лицар
Cavalo	Кінь
Coroa	Корона
Dinastia	Династія
Dragão	Дракон
Escudo	Щит
Espada	Меч
Feudal	Феодал
Fortaleza	Фортеця
Império	Імперія
Nobre	Благородний
Palácio	Палац
Parede	Стіна
Princesa	Принцеса
Príncipe	Принц
Reino	Королівство
Torre	Вежа
Unicórnio	Єдиноріг

Chocolate
Шоколад

Açúcar	Цукор
Amargo	Гіркий
Amendoins	Арахіс
Antioxidante	Антиоксидант
Cacau	Какао
Calorias	Калорій
Caramelo	Карамель
Coco	Кокос
Delicioso	Смачний
Doce	Солодкий
Exótico	Екзотичні
Favorito	Улюблений
Gosto	Смак
Ingrediente	Інгредієнт
Pó	Порошок
Qualidade	Якість
Receita	Рецепт
Sabor	Аромат

Churrascos
Барбекю

Almoço	Обід
Convite	Запрошення
Crianças	Діти
Facas	Ножі
Família	Родина
Fome	Голод
Frango	Курка
Fruta	Фрукт
Grelha	Гриль
Jantar	Вечеря
Jogos	Ігри
Legumes	Овочі
Molho	Соус
Música	Музика
Pimenta	Перець
Quente	Гаряче
Sal	Сіль
Saladas	Салати
Tomates	Помідори
Verão	Літо

Cidade
Місто

Aeroporto	Аеропорт
Banco	Банк
Biblioteca	Бібліотека
Cinema	Кіно
Clínica	Клініка
Escola	Школа
Estádio	Стадіон
Farmácia	Аптека
Florista	Флорист
Galeria	Галерея
Hotel	Готель
Jardim Zoológico	Зоопарк
Mercado	Ринок
Museu	Музей
Padaria	Пекарня
Restaurante	Ресторан
Salão	Салон
Supermercado	Супермаркет
Teatro	Театр
Universidade	Університет

Ciência
Наукова

Átomo	Атом
Cientista	Вчений
Clima	Клімат
Dados	Дані
Evolução	Еволюція
Fato	Факт
Física	Фізика
Fóssil	Викопний
Gravidade	Гравітація
Hipótese	Гіпотеза
Laboratório	Лабораторія
Método	Метод
Minerais	Мінерали
Moléculas	Молекули
Natureza	Природа
Observação	Спостереження
Organismo	Організм
Partículas	Частинки
Plantas	Рослини
Químico	Хімічні

Circo
Цирк

Acrobata	Акробат
Animais	Тварин
Bilhete	Квиток
Desfile	Парад
Doce	Цукерки
Elefante	Слон
Entreter	Розважати
Espectador	Глядач
Leão	Лев
Macaco	Мавпа
Magia	Магія
Malabarista	Жонглер
Mágico	Маг
Música	Музика
Palhaço	Клоун
Tenda	Намет
Tigre	Тигр
Traje	Костюм

Clima
Погода

Arco-Íris	Веселка
Atmosfera	Атмосфера
Brisa	Бриз
Céu	Небо
Clima	Клімат
Furacão	Ураган
Gelo	Лід
Monção	Мусон
Nevoeiro	Туман
Nuvem	Хмара
Polar	Полярний
Relâmpago	Блискавка
Seca	Посуха
Seco	Сухі
Temperatura	Температура
Tempestade	Бур
Tornado	Торнадо
Tropical	Тропічний
Trovão	Грим
Vento	Вітер

Comida # 2
Харчування #2

Alcachofra	Артишок
Amêndoa	Мигдаль
Arroz	Рис
Banana	Банан
Beringela	Баклажан
Brócolis	Броколі
Cereja	Вишня
Chocolate	Шоколад
Cogumelo	Гриб
Frango	Курка
Iogurte	Йогурт
Kiwi	Ківі
Maçã	Яблуко
Ovo	Яйце
Peixe	Риба
Presunto	Шинка
Queijo	Сир
Tomate	Помідор
Trigo	Пшениця
Uva	Виноград

Comida #1
Харчування #1

Açúcar	Цукор
Alho	Часник
Amendoim	Арахіс
Atum	Тунець
Bolo	Торт
Canela	Кориця
Cebola	Цибуля
Cenoura	Морква
Cevada	Ячмінь
Damasco	Абрикос
Espinafre	Шпинат
Leite	Молоко
Limão	Лимон
Manjericão	Василь
Morango	Полуниця
Nabo	Ріпа
Sal	Сіль
Salada	Салат
Sopa	Суп
Suco	Сік

Cores
Кольори

Amarelo	Жовтий
Azul	Синій
Bege	Бежевий
Branco	Білий
Carmesim	Малиновий
Ciano	Блакитний
Cinza	Сірий
Fuchsia	Фуксія
Laranja	Оранжевий
Marrom	Коричневий
Preto	Чорний
Rosa	Рожевий
Roxo	Фіолетовий
Sépia	Сепія
Verde	Зелений
Vermelho	Червоний

Corpo Humano
Людське Тіло

Boca	Рот
Cabeça	Голова
Cérebro	Мозок
Coração	Серце
Cotovelo	Лікоть
Dedo	Палець
Joelho	Коліна
Mandíbula	Щелепа
Mão	Рука
Nariz	Ніс
Olho	Око
Ombro	Плече
Orelha	Вухо
Pele	Шкіра
Perna	Нога
Pescoço	Шия
Queixo	Підборіддя
Sangue	Кров
Testa	Лоб
Tornozelo	Щиколотки

Cozinha
Кухня

Avental	Фартух
Chaleira	Чайник
Colheres	Ложки
Cups	Чашки
Especiarias	Спеції
Esponja	Губка
Facas	Ножі
Forno	Піч
Freezer	Морозильник
Garfos	Вилки
Geladeira	Холодильник
Grelha	Гриль
Guardanapo	Серветка
Jar	Глек
Jarro	Глечик
Pauzinhos	Паличками
Receita	Рецепт
Tigela	Чаша

Dança
Танець

Academia	Академія
Alegre	Радісний
Arte	Мистецтво
Clássico	Класичний
Coreografia	Хореографія
Corpo	Тіло
Cultura	Культура
Cultural	Культурний
Emoção	Емоція
Ensaio	Репетиція
Expressivo	Виразний
Graça	Благодать
Movimento	Рух
Música	Музика
Parceiro	Партнер
Postura	Постава
Ritmo	Ритм
Tradicional	Традиційний
Visual	Візуальний

Dias e Meses
Дні та Місяці

Abril	Квітень
Agosto	Серпень
Ano	Рік
Calendário	Календар
Dezembro	Грудень
Domingo	Неділя
Fevereiro	Лютий
Janeiro	Січень
Julho	Липень
Junho	Червень
Mês	Місяць
Novembro	Листопад
Outubro	Жовтень
Quinta-Feira	Четвер
Sábado	Субота
Segunda-Feira	Понеділок
Semana	Тиждень
Setembro	Вересень
Sexta-Feira	П'Ятниця
Terça	Вівторок

Dinossauros
Динозаври

Asas	Крила
Cauda	Хвіст
Desaparecimento	Зникнення
Enorme	Величезний
Espécies	Вид
Evolução	Еволюція
Grande	Великий
Herbívoro	Травоїдні
Mamute	Мамонт
Onívoro	Всеїдний
Poderoso	Потужний
Pré-Histórico	Доісторичний
Réptil	Рептилія
Tamanho	Розмір
Terra	Земля
Vicioso	Порочне

Dirigindo
Водіння

Acidente	Аварія
Carro	Автомобіль
Combustível	Паливо
Cuidado	Обережність
Estrada	Дорога
Freios	Гальма
Garagem	Гараж
Gás	Газ
Licença	Ліцензія
Mapa	Карта
Motocicleta	Мотоцикл
Motor	Мотор
Pedestre	Пішохід
Perigo	Небезпека
Polícia	Поліція
Rua	Вулиця
Segurança	Безпека
Transporte	Транспорт
Tráfego	Трафік
Túnel	Тунель

Disciplinas Científicas
Наукові Дисципліни

Anatomia	Анатомія
Arqueologia	Археологія
Astronomia	Астрономія
Biologia	Біологія
Bioquímica	Біохімія
Botânica	Ботаніка
Cinesiologia	Кінезіологія
Ecologia	Екологія
Fisiologia	Фізіологія
Geologia	Геологія
Imunologia	Імунологія
Linguística	Лінгвістика
Meteorologia	Метеорологія
Mineralogia	Мінералогія
Neurologia	Неврологія
Psicologia	Психологія
Química	Хімія
Sociologia	Соціологія
Termodinâmica	Термодинаміка
Zoologia	Зоологія

Ecologia
Екологія

Clima	Клімат
Comunidades	Громад
Espécies	Вид
Fauna	Фауна
Flora	Флора
Global	Глобальний
Marinho	Морський
Montanhas	Гори
Natural	Природний
Natureza	Природа
Pântano	Болото
Plantas	Рослини
Recursos	Ресурси
Seca	Засуха
Sobrevivência	Виживання
Vegetação	Рослинність

Edifícios
Будинки

Apartamento	Квартира
Castelo	Замок
Celeiro	Сарай
Cinema	Кіно
Embaixada	Посольство
Escola	Школа
Estádio	Стадіон
Fazenda	Ферма
Fábrica	Фабрика
Garagem	Гараж
Hospital	Лікарня
Hotel	Готель
Laboratório	Лабораторія
Museu	Музей
Observatório	Обсерваторія
Supermercado	Супермаркет
Teatro	Театр
Tenda	Намет
Torre	Вежа
Universidade	Університет

Emoções
Емоції

Alegria	Радість
Amor	Любов
Bem-Aventurança	Блаженство
Bondade	Доброта
Calmo	Спокійний
Conteúdo	Зміст
Grato	Вдячний
Medo	Страх
Paz	Мир
Raiva	Гнів
Satisfeito	Задоволений
Simpatia	Співчуття
Ternura	Ніжність
Tédio	Нудьга
Tranquilidade	Спокій
Tristeza	Смуток

Escola # 2
Школа #2

Acadêmico	Академічний
Atividades	Діяльність
Biblioteca	Бібліотека
Calendário	Календар
Ciência	Наука
Computador	Комп'Ютер
Dicionário	Словник
Educação	Освіта
Gramática	Граматика
Jogos	Ігри
Lápis	Олівець
Leitura	Читання
Literatura	Література
Livros	Книги
Matemática	Математика
Mochila	Рюкзак
Papel	Папір
Professor	Вчитель
Suprimentos	Поставки
Tesoura	Ножиці

Escola #1
Школа #1

Alfabeto	Алфавіт
Almoço	Обід
Amigos	Друзі
Biblioteca	Бібліотека
Cadeira	Крісло
Canetas	Ручки
Exames	Іспити
Lápis	Олівець
Livros	Книги
Marcadores	Маркери
Matemática	Математика
Mesa	Бюро
Papel	Папір
Pastas	Папки
Professor	Вчитель
Respostas	Відповіді

Especiarias
Спеції

Açafrão	Шафран
Alcaçuz	Солодка
Alho	Часник
Amargo	Гіркий
Anis	Аніс
Azedo	Кислий
Baunilha	Ванілі
Canela	Кориця
Cardamomo	Кардамон
Caril	Каррі
Cebola	Цибуля
Coentro	Коріандр
Cominho	Кмин
Cravo	Гвоздика
Doce	Солодкий
Funcho	Фенхель
Gengibre	Імбир
Pimenta	Перець
Sabor	Аромат
Sal	Сіль

Esportes
Спортивний

Atleta	Спортсмен
Árbitro	Суддя
Basquete	Баскетбол
Beisebol	Бейсбол
Bicicleta	Велосипед
Campeonato	Чемпіонат
Equipe	Команда
Estádio	Стадіон
Ganhador	Переможець
Ginásio	Гімназія
Ginástica	Гімнастика
Golfe	Гольф
Hóquei	Хокей
Jogador	Гравець
Jogo	Гра
Movimento	Рух
Tênis	Теніс
Treinador	Тренер

Exploração
Дослідження

Animais	Тварин
Atividade	Діяльність
Coragem	Мужність
Culturas	Культури
Descoberta	Відкриття
Desconhecido	Невідомий
Determinação	Рішучість
Distante	Далекий
Espaço	Простір
Exaustão	Виснаження
Excitação	Збудження
Língua	Мова
Novo	Новий
Perigos	Небезпеки
Selvagem	Дикий
Viagem	Подорожувати

Família
Сімейний

Antepassado	Предок
Avó	Бабуся
Criança	Дитина
Crianças	Діти
Esposa	Дружина
Filha	Дочка
Infância	Дитинство
Irmã	Сестра
Irmão	Брат
Marido	Чоловік
Materno	Материнський
Mãe	Мати
Neto	Онук
Pai	Батько
Paterno	Батьківський
Primo	Кузен
Sobrinha	Племінниця
Sobrinho	Племінник
Tia	Тітка
Tio	Дядько

Fazenda #1
Ферма #1

Abelha	Бджола
Arroz	Рис
Água	Вода
Bezerro	Теля
Burro	Осел
Cabra	Коза
Campo	Поле
Cavalo	Кінь
Cão	Пес
Cerca	Паркан
Corvo	Ворона
Feno	Сіно
Fertilizante	Добриво
Frango	Курка
Gato	Кішка
Mel	Мед
Porco	Свиня
Rebanho	Зграя
Terra	Земля
Vaca	Корова

Fazenda #2
Ферма #2

Agricultor	Фермер
Animais	Тварин
Celeiro	Сарай
Cevada	Ячмінь
Colmeia	Вулик
Cordeiro	Ягня
Fruta	Фрукт
Irrigação	Зрошення
Leite	Молоко
Lhama	Лама
Maduro	Стиглі
Milho	Кукурудза
Ovelha	Вівця
Pastor	Пастух
Pato	Качка
Pomar	Фруктовий Сад
Prado	Луг
Trator	Трактор
Trigo	Пшениця
Vegetal	Овоч

Ferramentas
Інструменти

Alicate	Плоскогубці
Cabo	Кабель
Cola	Клей
Corda	Мотузка
Escada	Сходи
Faca	Ніж
Grampeador	Степлер
Machado	Сокира
Martelo	Молоток
Navalha	Бритва
Parafuso	Гвинт
Pá	Лопата
Roda	Колесо
Tesoura	Ножиці
Tocha	Факел

Férias #1
Відпустка #1

Alfândega	Митниця
Avião	Літак
Bilhete	Квиток
Bonde	Трамвай
Carro	Автомобіль
Expedição	Експедиція
Guarda-Chuva	Парасолька
Itinerário	Маршрут
Lago	Озеро
Mala	Валіза
Mochila	Рюкзак
Moeda	Валюта
Museu	Музей
Relaxamento	Розслаблення
Turista	Турист

Férias #2
Відпустка #2

Aeroporto	Аеропорт
Destino	Призначення
Estrangeiro	Іноземець
Feriado	Свято
Fotos	Фото
Hotel	Готель
Ilha	Острів
Lazer	Дозвілля
Mapa	Карта
Mar	Море
Montanhas	Гори
Passaporte	Паспорт
Praia	Пляж
Reservas	Бронювання
Restaurante	Ресторан
Táxi	Таксі
Tenda	Намет
Transporte	Транспорт
Viagem	Подорож
Visto	Віза

Ficção Científica
Наукова Фантастика

Atómico	Атомний
Cinema	Кіно
Distante	Далекий
Distopia	Антиутопія
Explosão	Вибух
Fantástico	Фантастичний
Fogo	Вогонь
Futurista	Футуристичний
Galáxia	Галактика
Ilusão	Ілюзія
Imaginário	Уявний
Livros	Книги
Misterioso	Таємничий
Mundo	Світ
Oráculo	Оракул
Planeta	Планета
Realista	Реалістичний
Robôs	Роботи
Tecnologia	Технологія
Utopia	Утопія

Flores
Квіти

Buquê	Букет
Calêndula	Календула
Dente-De-Leão	Кульбаба
Gardênia	Гарденія
Girassol	Соняшник
Hibisco	Гібіскус
Jasmim	Жасмин
Lavanda	Лаванда
Lilás	Бузок
Lírio	Лілія
Magnólia	Магнолія
Margarida	Ромашка
Orquídea	Орхідея
Papoula	Мак
Peônia	Півонія
Pétala	Пелюстка
Plumeria	Плюмерія
Rosa	Троянда
Trevo	Конюшина
Tulipa	Тюльпан

Floresta Tropical
Тропічний Ліс

Anfíbios	Амфібії
Botânico	Ботанічний
Clima	Клімат
Comunidade	Громада
Espécies	Вид
Indígena	Корінні
Insetos	Комах
Mamíferos	Ссавці
Musgo	Мох
Natureza	Природа
Nuvens	Хмари
Pássaros	Птах
Preservação	Збереження
Refúgio	Притулок
Respeito	Повага
Restauração	Реставрація
Selva	Джунглі
Sobrevivência	Виживання
Valioso	Цінний

Formas
Форми

Arco	Дуга
Canto	Кут
Cilindro	Циліндр
Círculo	Коло
Cone	Конус
Cubo	Куб
Curva	Крива
Elipse	Еліпс
Esfera	Сфера
Hipérbole	Гіпербола
Lado	Бік
Linha	Лінія
Oval	Овальний
Pirâmide	Піраміда
Polígono	Багатокутник
Prisma	Призма
Quadrado	Площа
Retângulo	Прямокутник
Triângulo	Трикутник

Frutas
Фрукти

Abacate	Авокадо
Abacaxi	Ананас
Amora	Ожина
Baga	Ягода
Banana	Банан
Cereja	Вишня
Coco	Кокос
Damasco	Абрикос
Figo	Фіг
Framboesa	Малина
Kiwi	Ківі
Laranja	Оранжевий
Limão	Лимон
Maçã	Яблуко
Mamão	Папайя
Manga	Манго
Nectarina	Нектарин
Pera	Груша
Pêssego	Персик
Uva	Виноград

Geografia
Географія

Altitude	Висота
Atlas	Атлас
Cidade	Місто
Continente	Континент
Hemisfério	Півкуля
Ilha	Острів
Latitude	Широта
Mapa	Карта
Mar	Море
Meridiano	Меридіан
Montanha	Гора
Mundo	Світ
Norte	Північ
Oceano	Океан
Oeste	Захід
País	Країна
Região	Регіон
Rio	Річка
Sul	Південь
Território	Територія

Geologia
Геологія

Ácido	Кислота
Camada	Шар
Caverna	Печера
Cálcio	Кальцій
Continente	Континент
Coral	Кораловий
Cristais	Кристали
Erosão	Ерозія
Estalactite	Сталактит
Estalagmites	Сталагміти
Fóssil	Викопний
Lava	Лава
Minerais	Мінерали
Pedra	Камінь
Platô	Плато
Quartzo	Кварц
Sal	Сіль
Terremoto	Землетрус
Vulcão	Вулкан
Zona	Зона

Herbalismo
Травотравизм

Açafrão	Шафран
Alecrim	Розмарин
Alho	Часник
Aromático	Ароматичний
Benéfico	Вигідний
Coentro	Коріандр
Estragão	Естрагон
Flor	Квітка
Funcho	Фенхель
Ingrediente	Інгредієнт
Jardim	Сад
Lavanda	Лаванда
Manjericão	Василь
Manjerona	Майоран
Planta	Рослина
Qualidade	Якість
Sabor	Аромат
Salsa	Петрушка
Tomilho	Чебрець
Verde	Зелений

Insetos
Комахи

Abelha	Бджола
Barata	Тарган
Besouro	Жук
Borboleta	Метелик
Cigarra	Цикада
Cupim	Терміт
Formiga	Мураха
Gafanhoto	Коник
Joaninha	Сонечко
Larva	Личинка
Libélula	Бабка
Louva-A-Deus	Богомол
Minhoca	Хробак
Mosquito	Комар
Pulga	Блоха
Pulgão	Попелиця
Vespa	Оса

Instrumentos Musicais
Музичні Інструменти

Bandolim	Мандоліна
Banjo	Банджо
Baquetas	Гомілки
Clarinete	Кларнет
Fagote	Фагот
Flauta	Флейта
Gaita	Гармоніка
Gongo	Гонг
Harpa	Арфа
Oboé	Гобой
Pandeiro	Бубон
Percussão	Удар
Piano	Фортепіано
Saxofone	Саксофон
Tambor	Барабан
Trombone	Тромбон
Trompete	Труба
Violão	Гітара
Violino	Скрипка
Violoncelo	Віолончель

Jardim
Сад

Ancinho	Граблі
Arbusto	Кущ
Árvore	Дерево
Banco	Лава
Cerca	Паркан
Flor	Квітка
Garagem	Гараж
Grama	Трава
Gramado	Газон
Jardim	Сад
Lagoa	Ставок
Maca	Гамак
Mangueira	Шланг
Pá	Лопата
Pomar	Фруктовий Сад
Solo	Ґрунт
Terraço	Тераса
Trampolim	Батут
Varanda	Ганок
Videira	Лоза

Literatura
Література

Analogia	Аналогія
Análise	Аналіз
Anedota	Анекдот
Autor	Автор
Biografia	Біографія
Comparação	Порівняння
Conclusão	Висновок
Descrição	Опис
Diálogo	Діалог
Estilo	Стиль
Ficção	Вигадка
Metáfora	Метафора
Narrador	Оповідач
Opinião	Думка
Poema	Вірш
Rima	Рима
Ritmo	Ритм
Romance	Роман
Tema	Тема
Tragédia	Трагедія

Livros
Книги

Autor	Автор
Aventura	Пригода
Coleção	Колекція
Contexto	Контекст
Dualidade	Подвійність
Escrito	Написана
Épico	Епопеї
História	Історія
Histórico	Історичний
Leitor	Читач
Literário	Літературний
Narrador	Оповідач
Página	Сторінка
Personagem	Характер
Poema	Вірш
Poesia	Поезія
Relevante	Відповідні
Romance	Роман
Série	Серія
Trágico	Трагічний

Mamíferos
Ссавці

Baleia	Кит
Camelo	Верблюд
Canguru	Кенгуру
Castor	Бобер
Cavalo	Кінь
Cão	Пес
Coelho	Кролик
Coiote	Койот
Elefante	Слон
Gato	Кішка
Girafa	Жираф
Golfinho	Дельфін
Gorila	Горила
Leão	Лев
Lobo	Вовк
Macaco	Мавпа
Ovelha	Вівця
Raposa	Лисиця
Touro	Бик
Zebra	Зебра

Matemática
Математика

Aritmética	Арифметика
Ângulos	Кути
Circunferência	Округ
Decimal	Десятковий
Diâmetro	Діаметр
Equação	Рівняння
Esfera	Сфера
Expoente	Показник
Geometria	Геометрія
Paralelo	Паралельний
Paralelogramo	Паралелограм
Perímetro	Периметр
Polígono	Багатокутник
Quadrado	Площа
Raio	Радіус
Retângulo	Прямокутник
Simetria	Симетрія
Soma	Сума
Triângulo	Трикутник
Volume	Обсяг

Material de Arte
Художні Товари

Acrílico	Акриловий
Apagador	Гумка
Aquarelas	Акварелі
Argila	Глина
Água	Вода
Cadeira	Крісло
Cavalete	Мольберт
Câmera	Камера
Cola	Клей
Cores	Кольори
Criatividade	Творчість
Escovas	Щітка
Lápis	Олівці
Mesa	Таблиця
Óleo	Олія
Papel	Папір
Pastels	Пастелі
Tinta	Чорнило
Tintas	Фарби

Medições
Вимірювання

Altura	Висота
Byte	Байт
Centímetro	Сантиметр
Comprimento	Довжина
Decimal	Десятковий
Grama	Грам
Grau	Ступінь
Largura	Ширина
Litro	Літр
Massa	Маса
Metro	Метр
Minuto	Хвилина
Onça	Унція
Peso	Вага
Polegada	Дюйм
Profundidade	Глибина
Quilograma	Кілограм
Quilômetro	Кілометр
Tonelada	Тонна
Volume	Обсяг

Meditação
Медитація

Aceitação	Прийняття
Acordado	Прокинутися
Atenção	Увага
Bondade	Доброта
Clareza	Ясність
Compaixão	Співчуття
Emoções	Емоції
Ensinamentos	Вчення
Gratidão	Подяка
Mental	Розумовий
Mente	Розум
Movimento	Рух
Música	Музика
Natureza	Природа
Observação	Спостереження
Paz	Мир
Pensamentos	Думки
Perspectiva	Перспектива
Postura	Постава
Silêncio	Тиша

Mitologia
Міфологія

Arquétipo	Архетип
Ciúmes	Ревнощі
Comportamento	Поведінка
Criação	Створення
Criatura	Істота
Cultura	Культура
Desastre	Лихо
Força	Сила
Guerreiro	Воїн
Heroína	Героїня
Herói	Герой
Imortalidade	Безсмертя
Labirinto	Лабіринт
Lenda	Легенда
Mágico	Чарівний
Monstro	Монстр
Mortal	Смертний
Relâmpago	Блискавка
Trovão	Грім
Vingança	Помста

Móveis
Меблі

Almofada	Подушка
Almofadas	Подушки
Banco	Лава
Cadeira	Крісло
Cama	Ліжко
Colchão	Матрац
Cortinas	Штори
Cômoda	Комод
Espelho	Дзеркало
Estante	Книжкова Шафа
Futon	Футон
Maca	Гамак
Mesa	Бюро
Prateleiras	Полиці
Sofá	Диван
Tapete	Килимок

Natureza
Природа

Abelhas	Бджіл
Abrigo	Притулок
Animais	Тварин
Ártico	Арктичний
Beleza	Краса
Deserto	Пустеля
Dinâmico	Динамічний
Erosão	Ерозія
Floresta	Ліс
Folhagem	Листя
Geleira	Льодовик
Montanhas	Гори
Nevoeiro	Туман
Nuvens	Хмари
Pacífico	Мирно
Rio	Річка
Santuário	Святилище
Selvagem	Дикий
Sereno	Безтурботний
Tropical	Тропічний

Nutrição
Харчування

Amargo	Гіркий
Apetite	Апетит
Calorias	Калорій
Carboidratos	Вуглеводів
Comestível	Їстівний
Dieta	Дієта
Digestão	Травлення
Equilibrado	Збалансований
Fermentação	Бродіння
Líquidos	Рідини
Molho	Соус
Nutriente	Поживний
Peso	Вага
Proteínas	Білки
Qualidade	Якість
Sabor	Аромат
Saudável	Здоровий
Saúde	Здоров'Я
Toxina	Токсин
Vitamina	Вітамін

Números
Числа

Cinco	П'Ять
Decimal	Десятковий
Dez	Десять
Dezesseis	Шістнадцять
Dezessete	Сімнадцять
Dezoito	Вісімнадцять
Dois	Два
Doze	Дванадцять
Nove	Дев'Ять
Oito	Вісім
Quatorze	Чотирнадцять
Quatro	Чотири
Quinze	П'Ятнадцять
Seis	Шість
Sete	Сім
Treze	Тринадцять
Três	Три
Um	Один
Vinte	Двадцять
Zero	Нуль

Oceano
Океан

Alga	Водоростей
Atum	Тунець
Baleia	Кит
Barco	Човен
Camarão	Креветки
Caranguejo	Краб
Coral	Кораловий
Enguia	Вугор
Esponja	Губка
Golfinho	Дельфін
Marés	Припливи
Medusa	Медуза
Ostra	Устриця
Peixe	Риба
Polvo	Восьминіг
Recife	Риф
Sal	Сіль
Tartaruga	Черепаха
Tempestade	Буря
Tubarão	Акула

Outono
Осінь

Bolota	Жолудь
Castanhas	Каштани
Clima	Клімат
Equinócio	Рівнодення
Festival	Фестиваль
Geada	Мороз
Incêndios	Пожеж
Maçãs	Яблука
Meses	Місяці
Migração	Міграція
Natureza	Природа
Pomar	Фруктовий Сад
Roupa	Одяг
Sazonal	Сезонний
Tempo	Погода

Paisagens
Пейзажі

Cascata	Водоспад
Caverna	Печера
Colina	Пагорб
Deserto	Пустеля
Geleira	Льодовик
Golfo	Затока
Iceberg	Айсберг
Ilha	Острів
Lago	Озеро
Mar	Море
Montanha	Гора
Oásis	Оазис
Oceano	Океан
Pântano	Болото
Península	Півострів
Praia	Пляж
Rio	Річка
Tundra	Тундра
Vale	Долина
Vulcão	Вулкан

Países #2
Країни #2

Albânia	Албанія
Dinamarca	Данія
França	Франція
Grécia	Греція
Haiti	Гаїті
Indonésia	Індонезія
Irlanda	Ірландія
Jamaica	Ямайка
Japão	Японія
Laos	Лаос
Líbano	Ліван
México	Мексика
Nepal	Непал
Nigéria	Нігерія
Paquistão	Пакистан
Rússia	Росія
Síria	Сирія
Somália	Сомалі
Ucrânia	Україна
Uganda	Уганда

Pássaros
Птахи

Avestruz	Страус
Águia	Орел
Cegonha	Лелека
Cisne	Лебідка
Corvo	Ворона
Cuco	Зозуля
Flamingo	Фламінго
Frango	Курка
Gaivota	Чайка
Ganso	Гуска
Garça	Чапля
Ovo	Яйце
Papagaio	Папуга
Pardal	Горобець
Pato	Качка
Pavão	Павич
Pelicano	Пелікан
Pinguim	Пінгвін
Pombo	Голуб
Tucano	Тукан

Pesca
Риболовля

Água	Вода
Barco	Човен
Brânquias	Зябра
Cesta	Кошик
Cozinhar	Кухар
Equipamento	Обладнання
Exagero	Перебільшення
Fio	Дріт
Gancho	Гак
Isca	Принада
Lago	Озеро
Mandíbula	Щелепа
Oceano	Океан
Paciência	Терпіння
Peso	Вага
Praia	Пляж
Rio	Річка
Temporada	Сезон

Piratas
Пірати

Aventura	Пригода
Âncora	Якір
Bússola	Компас
Capitão	Капітан
Caverna	Печера
Cicatriz	Шрам
Espada	Меч
Ilha	Острів
Lenda	Легенда
Mapa	Карта
Mau	Поганий
Moedas	Монети
Oceano	Океан
Ouro	Золото
Papagaio	Папуга
Perigo	Небезпека
Praia	Пляж
Rum	Ром
Tesouro	Скарб
Tripulação	Екіпаж

Plantas
Рослини

Arbusto	Кущ
Árvore	Дерево
Baga	Ягода
Bambu	Бамбук
Botânica	Ботаніка
Cacto	Кактус
Erva	Трав
Feijão	Квасоля
Fertilizante	Добриво
Flor	Квітка
Flora	Флора
Floresta	Ліс
Folhagem	Листя
Grama	Трава
Hera	Плющ
Jardim	Сад
Musgo	Мох
Pétala	Пелюстка
Raiz	Корінь
Vegetação	Рослинність

Praia
Пляжний

Areia	Пісок
Azul	Синій
Barco	Човен
Caranguejo	Краб
Costa	Узбережжя
Doca	Док
Guarda-Chuva	Парасолька
Ilha	Острів
Lagoa	Лагуна
Mar	Море
Oceano	Океан
Recife	Риф
Sandálias	Сандалі
Sol	Сонце
Toalha	Рушник
Veleiro	Вітрильник

Preencher
Заповнити

Bacia	Басейн
Balde	Відро
Bandeja	Лоток
Barril	Бочка
Bolso	Кишеня
Caixa	Ящик
Cesta	Кошик
Envelope	Конверт
Garrafa	Пляшка
Gaveta	Шухляда
Jar	Глек
Mala	Валіза
Pacote	Пакет
Pasta	Папка
Saco	Сумка
Tubo	Труба
Vaso	Ваза

Profissões #1
Професії #1

Advogado	Адвокат
Artista	Художник
Astrônomo	Астроном
Banqueiro	Банкір
Bombeiro	Пожежник
Caçador	Мисливець
Cartógrafo	Картограф
Cientista	Вчений
Dançarino	Танцюрист
Editor	Редактор
Embaixador	Посол
Encanador	Сантехнік
Enfermeira	Медсестра
Geólogo	Геолог
Joalheiro	Ювелір
Marinheiro	Моряк
Músico	Музикант
Pianista	Піаніст
Psicólogo	Психолог
Veterinário	Ветеринар

Profissões #2
Професії #2

Agricultor	Фермер
Astronauta	Астронавт
Bibliotecário	Бібліотекар
Biólogo	Біолог
Cirurgião	Хірург
Dentista	Стоматолог
Engenheiro	Інженер
Filósofo	Філософ
Fotógrafo	Фотограф
Ilustrador	Ілюстратор
Inventor	Винахідник
Investigador	Дослідник
Jardineiro	Садівник
Jornalista	Журналіст
Linguista	Лінгвіст
Médico	Лікар
Piloto	Пілот
Pintor	Художник
Professor	Вчитель
Zoólogo	Зоолог

Restaurante # 2
Ресторан #2

Almoço	Обід
Aperitivo	Закуска
Água	Вода
Bebida	Напій
Bolo	Торт
Cadeira	Крісло
Colher	Ложка
Delicioso	Смачний
Especiarias	Спеції
Fruta	Фрукт
Garçom	Офіціант
Garfo	Вилка
Gelo	Лід
Jantar	Вечеря
Legumes	Овочі
Macarrão	Локшина
Peixe	Риба
Sal	Сіль
Salada	Салат
Sopa	Суп

Restaurante #1
Ресторан #1

Alergia	Алергія
Café	Кава
Caixa	Касир
Carne	М'Ясо
Cozinha	Кухня
Faca	Ніж
Frango	Курка
Garçonete	Офіціантка
Guardanapo	Серветка
Ingredientes	Інгредієнти
Menu	Меню
Molho	Соус
Pão	Хліб
Picante	Гострий
Placa	Тарілка
Reserva	Бронювання
Sobremesa	Десерт
Tigela	Чаша

Roupas
Одяг

Avental	Фартух
Blusa	Блузка
Calça	Штани
Camisa	Сорочка
Casaco	Пальто
Chapéu	Капелюх
Cinto	Пояс
Colar	Намисто
Jaqueta	Куртка
Jeans	Джинси
Luvas	Рукавички
Meias	Шкарпетки
Moda	Мода
Pijama	Піжама
Pulseira	Браслет
Saia	Спідниця
Sandálias	Сандалі
Sapato	Взуття
Suéter	Светр
Vestido	Плаття

Surf
Серфінг

Atleta	Спортсмен
Campeão	Чемпіон
Espuma	Піна
Estilo	Стиль
Estômago	Шлунок
Força	Сила
Multidões	Натовп
Oceano	Океан
Onda	Хвиля
Popular	Популярний
Praia	Пляж
Principiante	Новачок
Rapidez	Швидкість
Recife	Риф
Tempo	Погода

Tecnologia
Технології

Arquivo	Файл
Blog	Блог
Bytes	Байт
Câmera	Камера
Computador	Комп'Ютер
Cursor	Курсор
Dados	Дані
Digital	Цифровий
Estatísticas	Статистика
Fonte	Шрифт
Internet	Інтернет
Mensagem	Повідомлення
Navegador	Браузер
Pesquisa	Дослідження
Segurança	Безпека
Tela	Екран
Virtual	Віртуальний
Vírus	Вірус

Tempo
Час

Agora	Зараз
Ano	Рік
Antes	До
Anual	Щорічний
Calendário	Календар
Década	Десятиліття
Dia	День
Futuro	Майбутнє
Hoje	Сьогодні
Hora	Година
Manhã	Ранок
Meio-Dia	Полудень
Mês	Місяць
Minuto	Хвилина
Momento	Момент
Noite	Ніч
Ontem	Вчора
Relógio	Годинник
Semana	Тиждень
Século	Століття

Tipos de Cabelo
Типи Волосся

Branco	Білий
Brilhante	Блискучий
Cachos	Кучер
Careca	Лисий
Cinza	Сірий
Curto	Короткий
Encaracolado	Кучерявий
Fino	Тонкий
Grosso	Товстий
Loiro	Блондин
Longo	Довгий
Marrom	Коричневий
Ondulado	Хвилястий
Prata	Срібло
Preto	Чорний
Saudável	Здоровий
Seco	Сухий
Suave	М'Який
Trançado	Плетений
Tranças	Коси

Vegetais
Овочі

Abóbora	Гарбуз
Aipo	Селера
Alcachofra	Артишок
Alho	Часник
Batata	Картопля
Beringela	Баклажан
Brócolis	Броколі
Cebola	Цибуля
Cenoura	Морква
Chalota	Шалот
Cogumelo	Гриб
Ervilha	Горох
Espinafre	Шпинат
Gengibre	Імбир
Nabo	Ріпа
Pepino	Огірок
Rabanete	Редис
Salada	Салат
Salsa	Петрушка
Tomate	Помідор

Veículos
Автомобілі

Avião	Літак
Balsa	Пором
Barco	Човен
Bicicleta	Велосипед
Caminhão	Вантажівка
Caravana	Караван
Carro	Автомобіль
Foguete	Ракета
Furgão	Фургон
Helicóptero	Вертоліт
Jangada	Пліт
Lambreta	Скутер
Metrô	Метро
Motor	Двигун
Ônibus	Автобус
Pneus	Шини
Táxi	Таксі
Transporte	Човник
Trator	Трактор

Verão
Літо

Acampamento	Кемпінг
Alegria	Радість
Amigos	Друзі
Casa	Дім
Estrelas	Зірки
Família	Родина
Jardim	Сад
Jogos	Ігри
Lazer	Дозвілля
Livros	Книги
Mar	Море
Mergulho	Пірнання
Música	Музика
Praia	Пляж
Relaxamento	Розслаблення
Sandálias	Сандалі
Viagem	Подорожувати

Virtudes #1
Чесноти #1

Apaixonado	Пристрасний
Artístico	Художній
Bom	Хороший
Curioso	Цікавий
Decisivo	Вирішальний
Eficiente	Ефективний
Encantador	Чарівний
Generoso	Щедрий
Independente	Незалежний
Inteligente	Розумний
Limpo	Чистий
Modesto	Скромний
Paciente	Пацієнт
Prático	Практичний
Sábio	Мудрий
Útil	Корисний

Xadrez
Шахи

Branco	Білий
Campeão	Чемпіон
Concurso	Конкурс
Desafios	Проблеми
Diagonal	Діагональ
Estratégia	Стратегія
Jogador	Гравець
Jogo	Гра
Oponente	Опонент
Passivo	Пасивний
Preto	Чорний
Rainha	Королева
Regras	Правила
Rei	Король
Sacrifício	Жертвувати
Tempo	Час
Torneio	Турнір

Parabéns

Conseguiu!

Esperamos que tenha gostado tanto deste livro como nós gostamos de o desenhar. Esforçamo-nos por criar livros da mais alta qualidade possível.
Esta edição foi concebida para proporcionar uma aprendizagem inteligente, de qualidade e divertida!

Gostou deste livro?

Um simples pedido

Estes livros existem graças às críticas que publica.
Pode ajudar-nos, deixando agora uma revisão?

Aqui está um pequeno link para
a sua página de revisão:

BestBooksActivity.com/Avaliacoes50

DESAFIO FINAL!

Desafio n° 1

Está pronto para o seu jogo grátis? Usamo-los a toda a hora, mas não são tão fáceis de encontrar - aqui estão os **Sinônimos!**
Escreva 5 palavras que encontrou nos puzzles (n° 21, n° 36, n° 76) e tente encontrar 2 sinónimos para cada palavra.

Escreva 5 palavras de **Puzzle 21**

Palavras	Sinônimo 1	Sinônimo 2

Escreva 5 palavras de **Puzzle 36**

Palavras	Sinônimo 1	Sinônimo 2

Escreva 5 palavras de **Puzzle 76**

Palavras	Sinônimo 1	Sinônimo 2

Desafio n° 2

Agora que já aqueceu, escreva 5 palavras que encontrou nos Puzzles (n° 9, n° 17 e n° 25) e tente encontrar 2 antônimos para cada palavra. Quantos se podem encontrar em 20 minutos?

Escreva 5 palavras de **Puzzle 9**

Palavras	Antônimo 1	Antônimo 2

Escreva 5 palavras de **Puzzle 17**

Palavras	Antônimo 1	Antônimo 2

Escreva 5 palavras de **Puzzle 25**

Palavras	Antônimo 1	Antônimo 2

Desafio nº 3

Óptimo! Este desafio final não é nada para si.

Pronto para o desafio final? Escolha 10 palavras que tenha descoberto nos diferentes puzzles e escreva-as abaixo.

1.	6.
2.	7.
3.	8.
4.	9.
5.	10.

Agora escreva um texto a pensar numa pessoa, num animal ou num lugar de seu agrado.

Pode utilizar a última página deste livro como um rascunho.

A Sua Composição:

CADERNO DE NOTAS:

ATÉ BREVE!

A equipa Inteira

DESCUBRA JOGOS GRATUITOS

GO

↓

BESTACTIVITYBOOKS.COM/FREEGAMES